스프링을 이용한 RESTful 웹 서비스 구축하기

실전 예제로 배우는 REST 방식의 스프링 웹 서비스

스프링을 이용한 RESTful 웹 서비스 구축하기 실전 예제로 배우는 REST 방식의 스프링 웹 서비스

초판발행 2014년 04월 10일

지은이 김강우 / **펴낸이** 김태헌
펴낸곳 한빛미디어(주) / **주소** 서울시 마포구 양화로 7길 83 한빛미디어(주) IT출판부
전화 02-325-5544 / **팩스** 02-336-7124
등록 1999년 6월 24일 제10-1779호
ISBN 978-89-6848-704-0 13000 / **정가** 14,400원

책임편집 배용석 / **기획** 이중민 / **편집** 정지연
디자인 표지 여동일, 내지 스튜디오 [밈], 조판 최송실
영업 김형진, 김진불, 조유미 / **마케팅** 박상용, 서은옥, 김옥현

이 책에 대한 의견이나 오탈자 및 잘못된 내용에 대한 수정 정보는 한빛미디어(주)의 홈페이지나 아래 이메일로 알려주십시오.
한빛미디어 홈페이지 www.hanbit.co.kr / **이메일** ask@hanbit.co.kr

지금 하지 않으면 할 수 없는 일이 있습니다.
책으로 펴내고 싶은 아이디어나 원고를 메일(ebookwriter@hanbit.co.kr)로 보내주세요.
한빛미디어(주)는 여러분의 소중한 경험과 지식을 기다리고 있습니다.

저자 소개

지은이_ 김강우

"프로그래밍은 기술이 아니라 예술이다"라고 외치며 방랑하는 떠돌이 개발자다. 오픈 데이터 플랫폼에 관심이 많으며, 서로 간의 소통을 통해서 가치를 창출하고 진화해가는 것을 좋아한다. 지난 십여 년을 개발자로 일해왔으나, 지금은 시대의 흐름을 느끼기 위해 잠시 방황하고 있다. 아득히 들려오는 빗소리를 벗 삼아 비움의 자세를 견지해 나가려고 무던히 노력 중인 바보 중의 바보다.

저자 서문

시대 변화에 발맞추어 오픈 API의 열풍이 불고 있습니다. 많은 곳에서 오픈 API를 공개하고 있고, 사용자들에게 다양한 방식의 활용을 기대하고 있습니다. 이 오픈 API를 만드는데 가장 많이 사용되는 기술이 바로 REST일 것입니다. REST의 단순성과 웹의 특성을 이용한다는 장점 때문에 구글, 아마존 같은 해외의 유수 사이트들도 REST 방식의 오픈 API를 제공하기도 합니다.

이 책은 이러한 REST 기반의 서비스를 구축하는 데 조금이나마 도움이 되고자 만들었습니다. 물론, 여기에 나와 있는 방법이 정답은 아닙니다. 다른 방식으로 구현해도 되고, Jersey나 Apache CXF 같은 다른 프레임워크를 사용해도 됩니다. 프로그래밍에 정답은 없겠죠. 때에 따라서 길을 선택하는 것일 뿐. 단지 아쉬운 점은 REST에 대한 좀 더 깊은 이야기를 하지 못한 것인데, 이 또한 REST의 자유성을 존중하는 의미에서는 괜찮을지도 모르겠다는 생각이 듭니다.

끝으로, 이 책이 세상의 빛을 볼 수 있도록 많은 도움을 주신 한빛미디어 김창수 님, 정지연 님, 이중민 님께 감사의 말을 전합니다.

이 책을 만드는 데 도움 주신 분들

베타 리더_ 김광남

전 세계 사람들이 무료로 사용하는 프로그램을 개발하는 것이 꿈인 프로그래머다. 초기에는 게임 개발을 하다가 지금은 노래방 회사에서 웹/스마트폰/TV용 프로그램을 개발하고 있다. Java와 C++를 주로 사용한다. 책 읽기를 즐기며 사랑하는 아내와 아들과 함께 살고 있다.

베타 리더_ 김지현

'개발은 취미 생활을 즐기기 위한 부업 활동'이라는 건방진 소리를 쉬이 내뱉는 프로그래머. 스쿠버 다이빙, 스포츠 클라이밍, 로드 라이딩을 즐기는 괴상한 프로그래머로 개발과 관련된 새로운 기술에 대해서 많은 관심이 있다. 귀찮은 걸 싫어하는 게으름뱅이치고는 부지런하게 여행 다니고 레저를 즐기고 개발 관련 콘퍼런스에 참가하고 개발자들과 만나는 것을 즐긴다. '넓고 얕은 지식' 체계를 선호하는 제너럴리스트를 지향하는 일반인이다.

베타 리더_ 김태경

함수형 언어와 오픈 소스에 관심이 많은 제주도민이다. 최근까지 ETL 플랫폼과 AngularJS, Spring을 이용하여 플랫폼 운영 툴을 만들었다. 최근에는 로그와 데이터분석에 관심이 있다.

베타 리더_ 박범진

전자결재업무를 담당하는 자바와 자바스크립트 프로그래머다. 실력은 많이 부족하지만, 핸디소프트에서 가늘고 길게 직장생활을 하고 있다. 재미없는 업무에 지친 마음을 미드 감상이나 SNS, IT 커뮤니티 행사 참석 등으로 달래고 있다.

베타 리더_ 이기동

이것저것 깨작거리기를 좋아하고 웹이나 튜닝, 보안 등을 관심 있으며 정보보안기사 준비하고 있다. 요즘은 다이어트와 곧 태어날 말똥말똥(태명)이가 자라는 배를 만지며 살고 있다.

베타 리더_ 송기용

우아한 프로그래밍을 할 때 도파민이 분출되는 개발자다. 소박한 현업주부의 삶 뒤에 화려한 일렉 기타리스트의 꿈에 도전 중이다.

베타 리더_ 송영준

(요청으로 따로 소개는 기재하지 않았습니다.)

베타 리더_ 홍성민

현재 OSS(오픈 소스 소프트웨어) 기술 검증 및 OSS 기반 분산 확장 아키텍처링 관련 업무를 하고 있다. 역서로는 『데브옵스: 개발자, QA, 관리자가 함께 보는 리눅스 서버 트러블슈팅 기법(2013년, 위키북스)』과 저서로는 『파이썬 웹 프로그래밍: 플라스크를 이용한 쉽고 빠른 웹 개발(2014년, 위키북스)』이 있다.

웹이 거대한 하나의 플랫폼으로 자리매김하는 시점에 자바 개발 프레임워크에서 일종의 대세이자 표준으로 취급되고 있는 스프링을 기반으로 RESTful 서비스를 구축하는 방법을 설명한 이 책은 많은 독자가 RESTful 서비스를 개발할 때 궁금해 하는 점을 요약해서 잘 설명하고 있습니다. 모든 빈Bean 관계를 설정 파일이 아닌 자바 어노테이션을 이용하여 설명한 점도 눈에 띕니다. 스프링을 살짝 맛보았거나 기초에 대해 알고 계신 분들이 RESTful 서비스를 빠르게 구축하고자 할 때 많은 도움을 얻을 수 있을 것이라 생각합니다.

대상 독자 및 참고사항

초급 초중급 **중급** 중고급 고급

이 책은 Spring 3.2를 이용하여 REST 기반의 웹 서비스를 만드는 방법을 소개합니다. 자바라는 언어를 알고 있고, 스프링과 REST에 관심이 있는 분이라면 누구나 읽을 수 있습니다.

이 책의 예제 코드를 실행하려면 다음과 같은 환경이 갖춰져 있어야 합니다.

- Java 6 이상 설치된 개발 환경

이 도서의 예제 소스 코드는 다음 웹 사이트에서 내려받을 수 있습니다.

- http://www.hanbit.co.kr/exam/2689

이 책은 실무 예제를 중심으로 REST 기반의 웹 서비스를 만드는 방법을 소개하고 있습니다. 이론적인 부분을 참고하고 싶다면 『일관성 있는 웹 서비스 인터페이스 설계를 위한 REST API 디자인 규칙(2013, 한빛미디어)』를 함께 보시길 추천합니다.

한빛 eBook 리얼타임

한빛 eBook 리얼타임은 IT 개발자를 위한 eBook입니다.

요즘 IT 업계에는 하루가 멀다 하고 수많은 기술이 나타나고 사라져 갑니다. 인터넷을 아무리 뒤져도 조금이나마 정리된 정보를 찾는 것도 쉽지 않습니다. 또한 잘 정리되어 책으로 나오기까지는 오랜 시간이 걸립니다. 어떻게 하면 조금이라도 더 유용한 정보를 빠르게 얻을 수 있을까요? 어떻게 하면 남보다 조금 더 빨리 경험하고 습득한 지식을 공유하고 발전시켜 나갈 수 있을까요? 세상에는 수많은 종이책이 있습니다. 그리고 그 종이책을 그대로 옮긴 전자책도 많습니다. 전자책에는 전자책에 적합한 콘텐츠와 전자책의 특성을 살린 형식이 있다고 생각합니다.

한빛이 지금 생각하고 추구하는, 개발자를 위한 리얼타임 전자책은 이렇습니다.

1. **eBook Only - 빠르게 변화하는 IT 기술에 대해 핵심적인 정보를 신속하게 제공합니다.**

   500페이지 가까운 분량의 잘 정리된 도서(종이책)가 아니라, 핵심적인 내용을 빠르게 전달하기 위해 조금은 거칠지만 100페이지 내외의 전자책 전용으로 개발한 서비스입니다. 독자에게는 새로운 정보를 빨리 얻을 수 있는 기회가 되고, 자신이 먼저 경험한 지식과 정보를 책으로 펴내고 싶지만 너무 바빠서 엄두를 못 내는 선배, 전문가, 고수 분에게는 보다 쉽게 집필할 수 있는 기회가 될 수 있으리라 생각합니다. 또한 새로운 정보와 지식을 빠르게 전달하기 위해 O'Reilly의 전자책 번역 서비스도 하고 있습니다.

2. **무료로 업데이트되는, 전자책 전용 서비스입니다.**

   종이책으로는 기술의 변화 속도를 따라잡기가 쉽지 않습니다. 책이 일정 분량 이상으로 집필되고 정리되어 나오는 동안 기술은 이미 변해 있습니다. 전자책으로 출간된 이후에도 버전 업을 통해 중요한 기술적 변화가 있거나 저자(역자)와 독자가 소통하면서 보완하여 발전된 노하우가 정리되면 구매하신 분께 무료로 업데이트해 드립니다.

3. 독자의 편의를 위해 DRM-Free로 제공합니다.

구매한 전자책을 다양한 IT 기기에서 자유롭게 활용할 수 있도록 DRM-Free PDF 포맷으로 제공합니다. 이는 독자 여러분과 한빛이 생각하고 추구하는 전자책을 만들어 나가기 위해 독자 여러분이 언제 어디서 어떤 기기를 사용하더라도 편리하게 전자책을 볼 수 있도록 하기 위함입니다.

4. 전자책 환경을 고려한 최적의 형태와 디자인에 담고자 노력했습니다.

종이책을 그대로 옮겨 놓아 가독성이 떨어지고 읽기 힘든 전자책이 아니라, 전자책의 환경에 가능한 한 최적화하여 쾌적한 경험을 드리고자 합니다. 링크 등의 기능을 적극적으로 이용할 수 있음은 물론이고 글자 크기나 행간, 여백 등을 전자책에 가장 최적화된 형태로 새롭게 디자인하였습니다.

앞으로도 독자 여러분의 충고에 귀 기울이며 지속해서 발전시켜 나가도록 하겠습니다.

지금 보시는 전자책에 소유권한을 표시한 문구가 없거나 타인의 소유권한을 표시한 문구가 있다면 위법하게 사용하고 있을 가능성이 높습니다. 이 경우 저작권법에 의해 불이익을 받으실 수 있습니다.

다양한 기기에 사용할 수 있습니다. 또한 한빛미디어 사이트에서 구입하신 후에는 횟수에 관계없이 내려받으실 수 있습니다.

한빛미디어 전자책은 인쇄, 검색, 복사하여 붙이기가 가능합니다.

전자책은 오탈자 교정이나 내용의 수정·보완이 이뤄지면 업데이트 관련 공지를 이메일로 알려드리며, 구매하신 전자책의 수정본은 무료로 내려받으실 수 있습니다.

이런 특별한 권한은 한빛미디어 사이트에서 구입하신 독자에게만 제공되며, 다른 사람에게 양도나 이전은 허락되지 않습니다.

차례

1 | 들어가기

1.1 개요

스마트폰 시대가 되면서 데이터의 흐름에 많은 변화가 생겼다. 이러한 변화 속에서 서로 다른 시스템 또는 애플리케이션 간의 소통을 위해서 웹 서비스Web Service 기술이 주목받게 되었다.

기업들과 기관들은 오픈 API라는 이름으로 자신들의 데이터를 일반 사용자에게 공개하기도 하고, 어떤 기업들은 서버에 있는 데이터를 스마트폰 애플리케이션에 전달하고 소통하기 위해서 웹 서비스를 만들기도 한다. 이러한 웹 서비스를 만드는 방법 중에서 가장 손쉬운 것이 바로 REST 기반 웹 서비스다.

자바 플랫폼에서는 JSR-311(JAX-RS: The Java™ API for RESTful Web Services) 스펙을 제공함으로써 자바 어노테이션을 이용한 RESTful 웹 서비스를 구현할 수 있게 도와주고 있다. Apache CXF나 Jersey, Restlet 같은 구현체들을 사용하면 REST 기반의 웹 서비스를 만들 수 있다.

Spring Web MVC는 JSR-311을 따르지는 않지만, REST 기반의 웹 서비스 개발에 필요한 기능 대부분을 구현하고 있다. 그뿐만 아니라, 간단하게 하나의 자원을 여러 개의 Representation(JSON/XML/ATOM/RSS 등)으로 표현할 수 있고, 브라우저에서 지원하지 않는 PUT/POST 요청을 처리할 수 있는 등 여러 가지 기능을 가지고 있다. 무엇보다도 Spring이 지원하는 강력한 기능들을 사용할 수 있다는 장점이 있다.

이 책에서는 Spring Web MVC를 사용해서 REST 웹 서비스를 만드는 방법을 소개한다.

1.2 REST

1.2.1 REST

REST는 네트워크 구조 원리의 모음으로, 리소스를 정의하고 자원에 대한 주소를 지정하는 방법에 대한 조건들을 의미한다. 즉, 도메인 지향 데이터를 HTTP 위에서 부가적인 전송 레이어 없이 전송하기 위한 간단한 구조를 정의한 것이다.

2000년도에 로이 필딩Roy Fielding은 자신의 박사학위 논문에서 REST(Representational State Transfer, 표현 상태 전이)라고 이름을 붙인, 웹의 구조적 스타일Web's architectural state에 대한 제약조건들을 설명하였다. 그 조건들은 다음과 같다.

- 클라이언트/서버(Client/Server): 웹의 일관된 인터페이스를 따른다는 전제하에 클라이언트와 서버는 독립적으로 구현되어야 한다.
- 균일한 인터페이스(Uniform Interface): 자원 식별, 표현을 통한 자원 처리, 자기 서술적 메시지, HATEOASHypermedia as the Engine of Application State 같은 인터페이스 제약에 따라 서로 일관성 있게 상호 운영되어야 한다.
- 계층 시스템(Layered System): 웹의 일관된 인터페이스를 사용해서 프락시 또는 게이트웨이 같은 네트워크 기반의 중간매체를 사용할 수 있어야 한다.
- 캐시 처리(Cacheable): 웹 서버가 응답 데이터마다 캐시 여부를 선언할 수 있어야 한다.
- 무상태(Stateless): 웹 서버가 클라이언트의 상태를 관리할 필요가 없어야 한다.
- 주문형 코드(Code-on-demand): 선택사항으로 스크립트나 플러그인 같은 실행 가능한 프로그램을 클라이언트에 전송하여 클라이언트가 실행할 수 있도록 해야 한다.

이러한 REST 원리를 충실히 따르면 'RESTful' 하다고 할 수 있다.

1.2.2 REST API

웹 서비스는 네트워크상에서 서로 다른 시스템 간의 상호 작용을 위한 기술이다. 이는 주고 받는 데이터 형식에 대한 표준을 정의함으로써 플랫폼과 프로그램 언어와는 독립된 방법으로 서로 연동할 수 있다.

간단히 말하면, 클라이언트가 웹 서버에서 제공하는 API를 이용하여 데이터와 기능을 제공받을 수 있다.

예전에는 SOAP[Simple Object Access Protocol]을 기반으로 웹 서비스를 많이 구현했다. 하지만 SOAP 처리의 오버헤드 및 복잡성 때문에 요즘에는 REST 구조 스타일을 사용한 웹 서비스를 많이 사용하고 있다. 이런 REST 구조 스타일에 적합한 API를 REST API라고 한다.

[그림 1-1] SOAP 기반과 REST 기반 웹 서비스의 차이(출처: 전자통신동향분석, 제25권 제2호, 한국전자통신연구원, 2010)

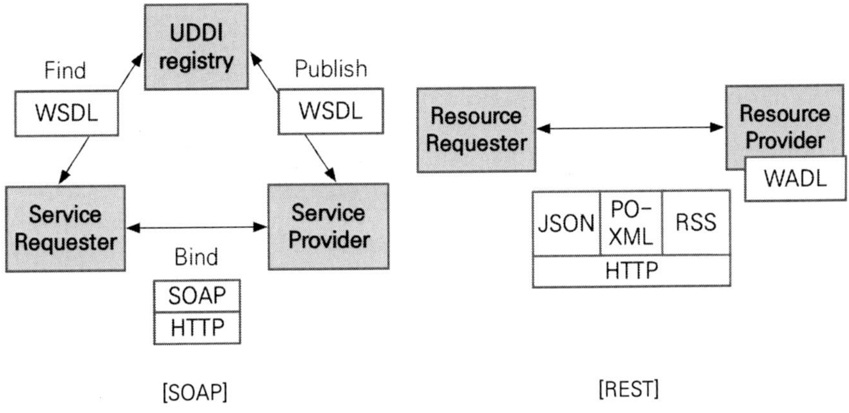

■ Resource

REST API는 URI[Uniform Resource Identifier] 경로를 사용해서 자원을 나타내고, 포워드 슬래시(/)로 경로 구문을 나눈다. 예를 들어 bookstore 사이트의 1번 책은

http://www.bookstore.com/books/1로 표현할 수 있다. 이 경로 구문은 자원 계층에서 유일한 자원을 나타낸다.

그렇다면 해당 자원에 대한 행위는 어떻게 나타내야 할까? REST API에서는 CRUD (Create-생성, Read-읽기, Update-수정, Delete-삭제) 기능을 수행할 때는 URI에 나타내지 않는다. URI는 자원을 식별할 때만 사용하고, CRUD 기능을 수행할 때에는 HTTP Request Method를 사용한다. 즉 GET, POST PUT, DELETE 메소드를 이용하여 처리한다.

[표 1-1] 자원 관리 방법

HTTP Method	의미	CRUD	예제
POST	새로운 자원을 생성한다	Create	POST /books
GET	자원을 조회한다	Read	GET /books/1
PUT	기존에 존재하는 자원을 변경한다	Update	PUT /books/1
DELETE	기존에 존재하는 자원을 삭제한다	Delete	DELETE /books/1

1.3 Spring Web MVC

1.3.1 Model 1 VS Model 2(MVC)

애플리케이션을 개발하는 방법에는 여러 가지가 있다. 프레젠테이션 로직과 비즈니스 로직을 어떻게 구현하고 어디에 위치시킬 것인지, 필요한 데이터를 어떻게 유지하고 공유할 것인가에 대해서 정의하고 때에 따라서는 계층으로 나누기도 한다. 간단히 말하면 하나의 자바 클래스에 모든 것을 담아서 처리할 수도 있고, 로직의 성격에 따라 계층화하여 여러 클래스로 나누어서 처리할 수도 있다. 어느 방법을 사용하든지 그것이 옳다 그르다고 단정 지어 얘기할 수는 없다. 정답이라는 것은 존재하지 않을지 모른다. 하지만 수많은 시행착오를 통해서 좀 더 효율적인 방법을 경험하게 된다. 이러한 경험적 방법들을 체계화시키고 정리한 것을 우리는 패턴Pattern이라고 부른다.

자바 웹 애플리케이션은 일반적으로 Model 1 방식과 Model 2 방식의 두 가지 구조 패턴Architecture Pattern으로 분류한다.

■ Model 1

Model 1은 예전에 많이 사용했던 방식으로, 사용자의 요청을 서블릿이나 JSP가 받아서 필요한 자바빈JavaBean을 호출한 다음 결과값을 출력한다.

[그림 1-2] JSP Model 1 Architecture

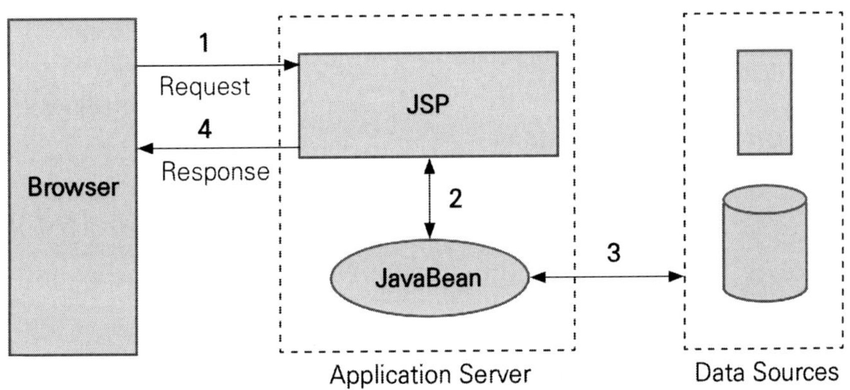

Model 1 방식은 개발 속도가 빠르고, 초보자도 쉽게 배우며 빠르게 적용할 수 있다는 장점이 있다. 하지만 프레젠테이션 로직과 비즈니스 로직이 섞여 있어서 개발과 화면 디자인의 영역 구분이 어렵고, 코드가 복잡해지는 단점이 있다.

■ Model 2(MVC)

Model 2 방식은 MVC 패턴을 이용한다. MVC 패턴은 Model(모델), View(뷰), Controller(컨트롤러)의 세 영역으로 나누어지는 구조로 애플리케이션을 설계한다.

[그림 1-3] JSP Model 2 Architecture

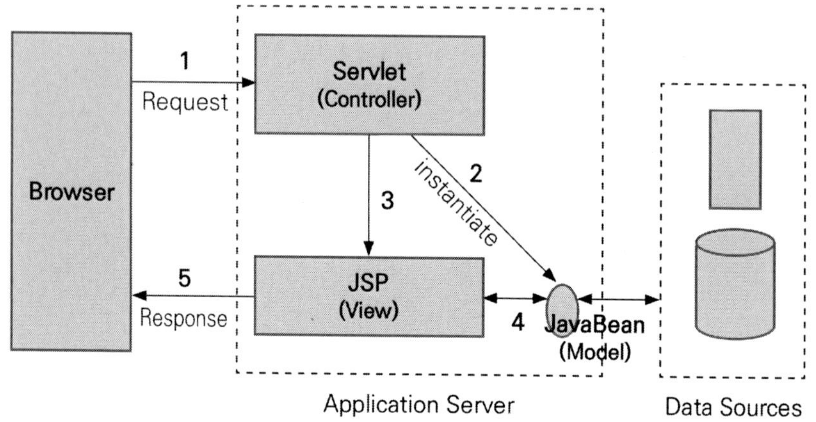

Model 영역

애플리케이션에서 사용하는 데이터를 다루거나 비즈니스 로직을 다루는 영역이다.

View 영역

클라이언트(사용자)에게 보이는 표현 영역으로 프레젠테이션 로직을 처리한다. 일반적인 웹 애플리케이션의 경우 View 영역을 통해서 사용자가 보는 웹 페이지(HTML)를 생성한다.

Controller 영역

Model과 View 영역 간의 흐름을 제어하는 역할을 한다. 클라이언트의 요청을 받아서 이를 처리하기 위한 Model(비즈니스 로직)을 호출하여 처리하고 그 결과를 알맞은 View에게 전달한다.

MVC 패턴의 구성 요소인 Model, View, Controller는 서로 연관된 작업을 수행하지만, 각각의 역할 구분은 명확하게 나누어져 있다. 즉, Model은 오직 비즈니스와 관련한 부분만 처리하면 되고, 사용자에게 보일 화면이나 흐름 제어에 대해서는 처리할 필요가 없다. View는 사용자에게 알맞은 화면을 보여주는 역할을 하면 되고, 비즈니스 로직이나 흐름 제어에 대해서는 처리할 필요가 없다. 또한, Controller는 흐름을 제어하는 역할을 하여 사용자 요청에 알맞은 모델을 사용하고, 사용자에게 보여줄 View를 선택하기만 하면 된다.

이렇게 서로에 대한 역할 구분이 명확하기 때문에 각각의 영역에 대한 독립성을 보장한다. 그래서 MVC 패턴으로 잘 설계한 애플리케이션은 핵심 부분을 건드리지 않고 애플리케이션을 재설계할 수 있다. 예를 들어 HTML 기반의 웹 애플리케이션을 개발하다가 모바일 앱 개발을 위한 REST API 기반으로 요구사항이 변경되었을 경우 View 영역만 변경하면 손쉽게 전환할 수 있다.

1.3.2 Spring Web MVC

Spring Web MVC는 Spring에서 제공하는 MVC 프레임워크다. Spring이 제공하는 풍부한 기능들을 그대로 사용하면서 MVC 패턴에 기반을 둔 웹 애플리케이션을 개발할 수 있도록 도와준다.

Spring Web MVC는 클라이언트로부터 요청을 받아서 DispatchServlet이라는 Front Controller를 이용해서 요청을 처리할 Controller에게 전달해준다. @Controller 어노테이션과 @RequestMapping 어노테이션만으로 손쉽게 구현할 수 있고, 스프링 3.x부터 지원하는 @PathVariable, @RequestBody, @ResponseBody 등의 어노테이션을 이용해서 REST API를 개발할 수 있다.

Spring Web MVC는 REST 서비스를 생성하기 위해 두 가지 방법을 제공한다. MVC의 ModelAndView를 사용하는 방법과 HTTPMessageConverter를 사용하는 방법이다. 두 가지 방법은 5장에서 간단히 소개하고, HTTPMessageConverter를 위주로 REST 서비스를 생성해 보겠다.

2 | Spring 3.2 와 REST

이 장에서는 예제 소스를 만들기 위한 요구사항 정의 및 전반적인 개발 환경에 대하여 알아보도록 하겠다. 도서 정보를 처리하는 간단한 REST API 서비스를 만드는 요구사항을 정의하고, 개발에 필요한 기본적인 구성 요소를 살펴 본 후, Spring Web MVC에 대해서 좀 더 알아본다.

2.1 요구사항 정의

도서 정보를 처리하는 REST API 서비스를 만들어 보자. 간단하게 조회, 등록, 수정, 삭제 기능을 구현할 것이다.

- 도서 정보 목록을 조회할 수 있어야 한다.
- 도서 상세 정보를 조회할 수 있어야 한다.
- 도서 정보를 등록할 수 있어야 한다.
- 도서 정보를 수정할 수 있어야 한다.
- 도서 정보를 삭제할 수 있어야 한다.

2.2 개발 환경

도서 정보를 처리하는 REST API 서비스를 만들기 위한 개발 환경은 다음과 같다.

- Java 6 이상
- Maven 3.0.x
- Logback / SLF4J
- Spring 3.2
- MyBatis 3.2

예제 파일들은 Java 6 환경에서 만들어졌고, 프로젝트 관리 도구로서 메이븐Maven을 사용하였다. 개발 프레임워크는 Spring 3.2버전이고, 로깅 라이브러리는 SLF4J와 Logback을 사용했다.

자바 설치 방법과 메이븐 설치 방법은 잘 알 것으로 생각하고 생략한다. IDE는 STSSpring Tool Suite를 사용했으나 별도의 기능을 사용하지 않으므로 자신의 취향에 맞는 것을 사용하면 된다. STS는 기본적으로 이클립스와 동일하다. 이클립스 기반에 유용한 확장 플러그인과 스프링 개발 시 도움을 주는 기능들이 포함되어 있다. 물론 이클립스의 메이븐 플러그인인 m2e 플러그인도 포함되어 있다. STS는 Spring STS 사이트[01]에서 내려받을 수 있다.

2.2.1 메이븐

메이븐은 3.0.x 버전을 사용한다. 주사용 기능은 의존성 추가를 통한 자바 라이브러리 자동 내려받기와 테스트 케이스 실행이다. 꼭 메이븐을 사용할 필요는 없고, Gradle, Apache Ivy 같은 다른 도구를 사용해도 된다. 간단하게 이클립스의 WTP를 사용해도 된다.[02] 이클립스를 사용한다면 m2e라는 메이븐 플러그인을 설치해서 간편하게 사용할 수 있다.

메이븐은 프로젝트 객체 모델Project Object Model이라는 개념을 바탕으로 의존성 관리, 생명 주기 관리 기능 등을 제공하는 프로젝트 관리 도구다. 컴파일과 동시에 빌드를 수행할 수 있고, 테스트를 실행할 수도 있으며, 서버로 디플로이할 수 있는 환경도 제공한다. 개발자에게 가장 큰 장점은 의존성 관리인데, 의존성을 추가하면 해당 라이브러리를 저장소에서 자동으로 내려받는다. 즉, 필요한 라이브러리를 직접 내려받아서 프로젝트에 추가할 필요 없이 의존성 선언만 하면 된다.

---

01 http://spring.io/tools

02 필요한 라이브러리는 직접 내려받아야 한다.

2.2.2 Logback / SLF4J

애플리케이션 개발 시 가장 중요한 것은 뭐니뭐니해도 로그를 잘 남기는 것이다. 그래야 에러가 발생했을 때 손쉽게 대응할 수 있다. 에러가 발생했는데 발생한 원인을 찾을 수 없다면 지옥이 따로 없다. 이럴 때 필요한 것이 바로 에러 로그를 관리하는 로깅 라이브러리다.

로깅 라이브러리로는 JUL java.util.logging, Log4j, Logback 등이 있다. 자바 1.4부터 JUL 패키지가 포함되어 로깅을 자체적으로 지원하고 있지만, 뒤늦게 출현한 덕분인지 아니면 모양새가 마음에 안 들어서 그런지 잘 사용되지 않고 있다. 아마 대부분은 Log4j를 가장 많이 사용할 것이다. Log4j가 훌륭한 로깅 라이브러리임이 틀림없고 지금도 충분히 그 역할을 다 할 수 있지만, 시대의 흐름 속에서 Logback[03] 이라는 새로운 로깅 라이브러리가 등장했다.

Logback은 Log4j 보다 많은 발전을 이루었다. 성능이 향상되었고 설정 파일의 자동 리로딩, I/O 실패의 복구, 로그 파일 압축, 오래된 로그 파일 삭제 등 다양한 기능을 제공한다. 그래서 개인적으로 Logback 사용을 추천한다.

SLF4J Simple Logging Facade for Java는 로깅 파사드 라이브러리 Logging Facade Library로 로깅 요청을 기존에 존재하는 다양한 로깅 라이브러리로 전달하는 역할을 한다. 간단하게 기존 로깅 라이브러리를 한 번 감싸서 사용하는 것이라고 할 수 있다. SLF4J를 사용하고 구현체를 Logback으로 사용한다면 로그 출력 코드는 SLF4J 라이브러리를 사용하지만, 실제 출력은 Logback을 통해 이루어진다.

애플리케이션을 Log4j로 개발했다고 가정해 보자. 그런데 어느 날 Logback이라는 좋은 라이브러리가 나타났다는 소문을 듣고 Logback으로 전환하려면 Log4j가 들어가 있는 모든 코드를 수정해야 한다. 하지만 SLF4J를 사용하고 구현체를

03 Logback은 Log4j의 개발자가 만들었다.

Log4j를 사용했다면 구현체만 Logback으로 변경하면 되고, 소스 코드는 변경할 필요가 없다.

그리고 애플리케이션을 개발할 때는 많은 라이브러리를 가져다 쓰게 된다. 그런데 라이브러리마다 로깅 라이브러리를 다르게 쓴다면 관리하기가 너무 힘들 것이다. 이럴 경우 하나의 일관된 창구 기능을 제공하기도 한다.

이외에 로깅 파사드 라이브러리로는 JCL Jakarta Common Logging이 있다.[04]

■ SLF4J

SLF4J는 다중 클래스로더 ClassLoader를 사용하는 환경에서 발생할 수 있는 JCL의 문제점을 해결하기 위해서 등장하였다.

SLF4J는 그림 2-1과 같이 Logback, Log4j, JUL과 같은 로깅 라이브러리를 지원하고 있으며, 자체적으로 Simple이라는 구현체를 가지고 있다.

04 SLF4J는 로깅 API 구현체와의 매핑이 static하게 이루어지는 데 반해서, JCL은 매핑이 dynamic하게 이루어진다.

[그림 2-1] concrete bindings

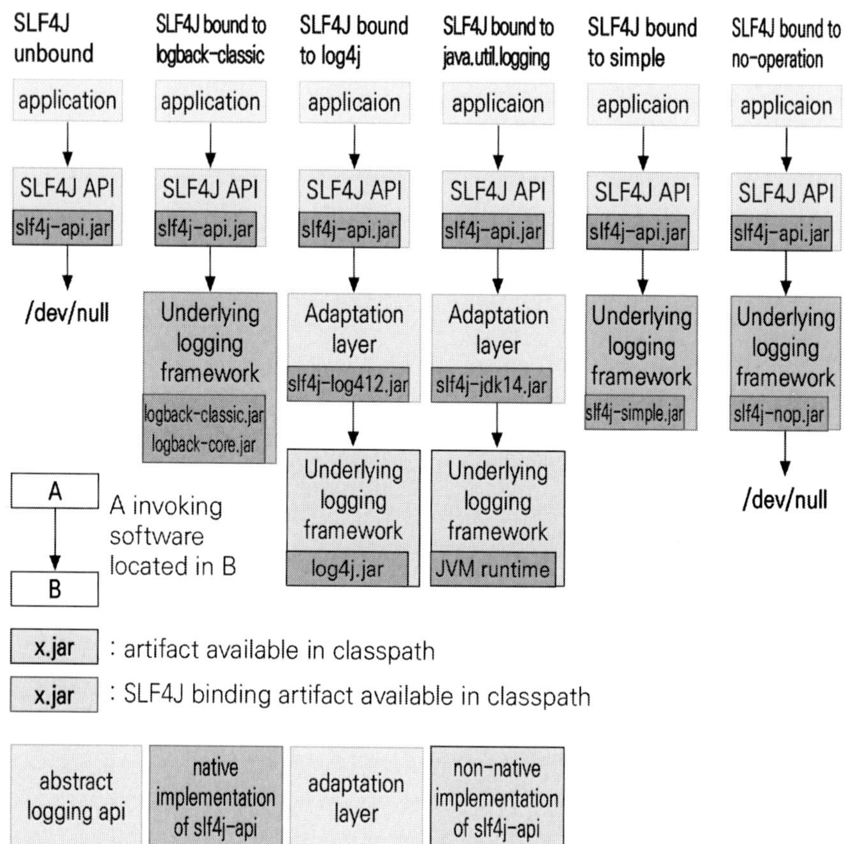

출처: http://www.slf4j.org/manual.html

SLF4J는 Bridging을 지원하며 JCL, Log4j, JUL의 로깅 출력 결과를 SLF4J로 전달하는 가교 역할을 한다.

[그림 2-2] Bridging legacy APIs

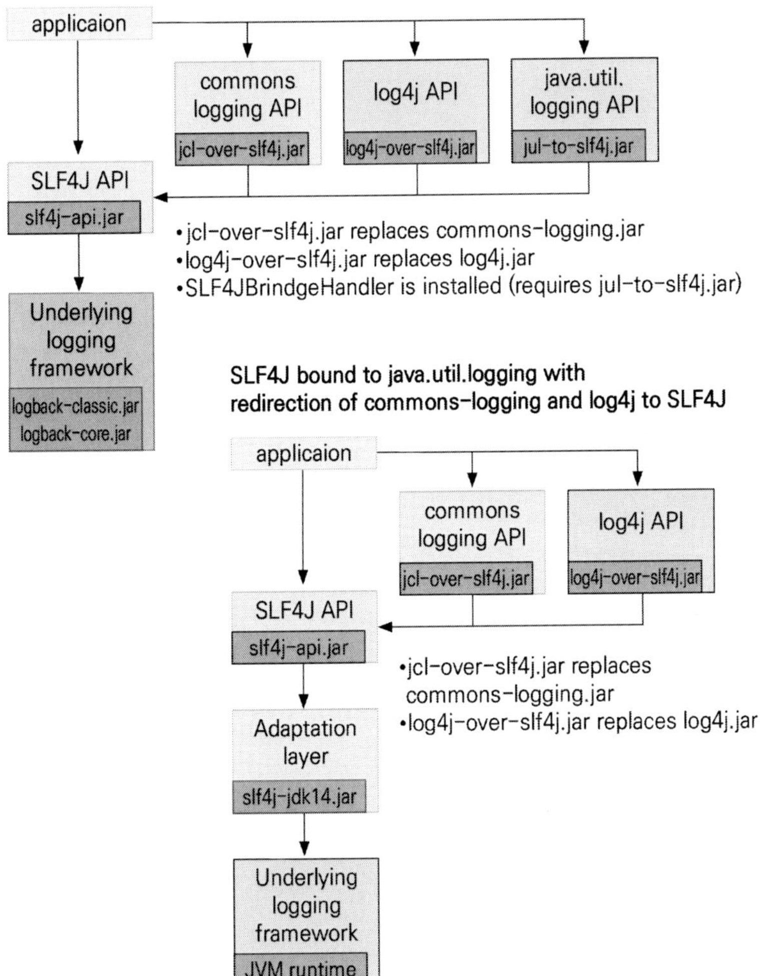

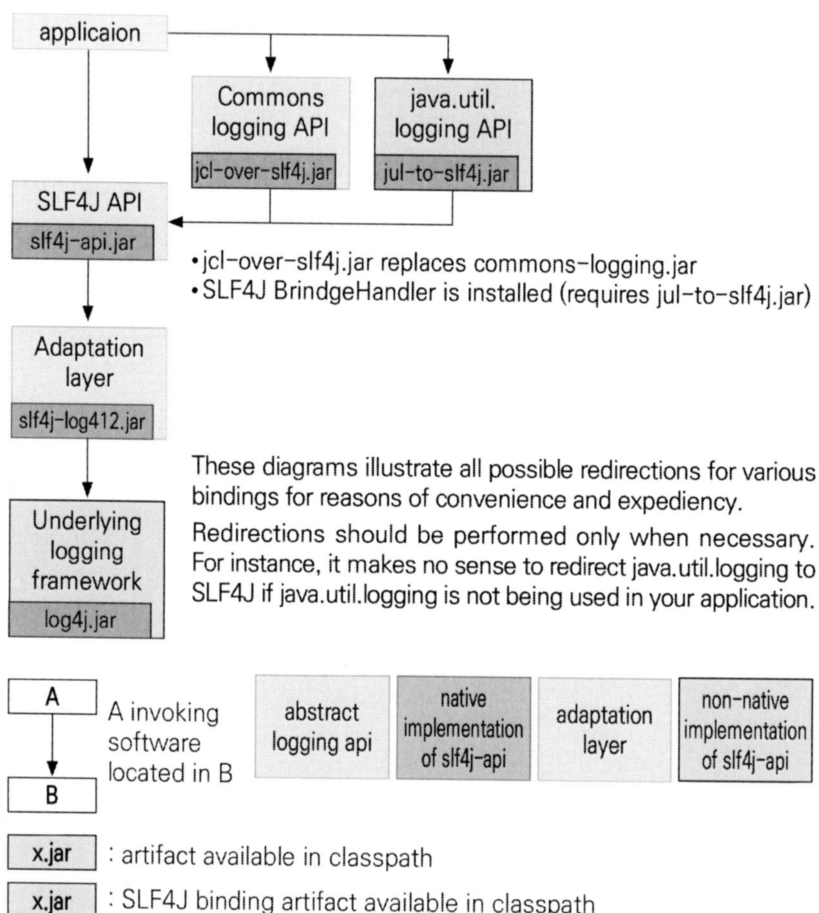
SLF4J bound to log4j with redirection of commons-logging and java.util.logging to SLF4J
applicaion
Commons logging API
jcl-over-slf4j.jar
java.util. logging API
jul-to-slf4j.jar
SLF4J API
slf4j-api.jar
•jcl-over-slf4j.jar replaces commons-logging.jar
•SLF4J BrindgeHandler is installed (requires jul-to-slf4j.jar)
Adaptation layer
slf4j-log412.jar
Underlying logging framework
log4j.jar
These diagrams illustrate all possible redirections for various bindings for reasons of convenience and expediency.
Redirections should be performed only when necessary. For instance, it makes no sense to redirect java.util.logging to SLF4J if java.util.logging is not being used in your application.
A
B
A invoking software located in B
abstract logging api
native implementation of slf4j-api
adaptation layer
non-native implementation of slf4j-api
x.jar
: artifact available in classpath
x.jar
: SLF4J binding artifact available in classpath

출처: http://www.slf4j.org/legacy.html

■ Logback

Logback은 Log4j의 개발자인 'Ceki Gülcü'가 만들었다. 오랫동안 검증된 Log4j의 아키텍처를 기반으로 재작성하여 성능이 10배 정도로 빨라졌고, 메모리 점유율도 낮아졌다. 기본 설정 파일은 XML로 작성됐고, Groovy 문법도 지원한다. Logback 웹 사이트에서는 Log4j 설정 파일을 Logback 설정 파일로 변경해주는 툴[05]을 제공하고 있다.

Logback의 가장 멋진 기능은 설정 파일 자동 재로딩 기능이다. 일반적으로 운영 서버에서는 로그 레벨을 WARN 또는 ERROR로 설정한다. 그런데 만약 운영 중에 좀 더 상세한 로그를 보길 원한다면 어떻게 될까? 기존의 Log4j라면 서버를 중지시키고, 설정 파일을 변경한 다음 서버를 재시작해야 한다. 하지만 Logback은 설정 파일만 변경하면 알아서 변경된 내용이 반영된다.

이외에 저장된 로그 파일 자동 압축, 오래된 로그 파일 자동 삭제 등의 기능도 제공하고, 다수의 JVM에서 하나의 파일에 로그를 출력할 때 쓰는 Log Aggregation과 현재 발생하는 로그 이벤트에 대한 정보를 볼 수 있도록 지원하는 Lilith 등 유용한 기능을 제공한다.

2.2.3 Spring 3.2

스프링 프레임워크는 3.2 버전을 사용한다. 스프링 프레임워크 3.1 이하 버전에서도 REST API 서비스를 개발할 수 있으나, 3.2 버전부터 지원되는 Controller Advice를 이용한 예외 처리와 MVC Test 프레임워크 등을 사용할 수 없는 불편함이 있다.

스프링 프레임워크는 간단히 말하면 IoC(Inversion of Control: 제어의 역전) 컨테이너라고 할 수 있다. IoC는 스프링 프레임워크가 가진 핵심적인 기능으로, 자바의 객

---

05 http://logback.qos.ch/translator/

체 생성 및 의존 관계를 관리하는 기능을 제공한다. 원래 자바 프로그래밍은 자바 코드 안에서 다른 객체를 생성하고 의존 관계를 설정하는 방법을 사용한다. 하지만 스프링 프레임워크를 사용하면 설정 파일을 통해 객체를 생성하고, 의존 관계를 설정할 수 있다. 즉, DI(Dependency Injection: 의존성 주입) 패턴을 지원한다. 이 때문에 객체 간의 느슨한 결합을 유지할 수 있다.

이러한 특징들 때문에 스프링은 AOP(Aspect Oriented Programming: 관점 지향 프로그래밍)이 가능하다. AOP는 문제를 해결하는 핵심 사항과 전체 적용하는 공통 사항을 분리해서 프로그래밍함으로써 공통 모듈을 여러 코드에 쉽게 적용할 수 있다. 즉, 트랜잭션이나 보안, 로깅 등과 같이 여러 모듈에서 공통으로 사용하는 기능들을 분리해서 각 모듈에 적용할 수 있다.

[그림 2-3] Spring Framework

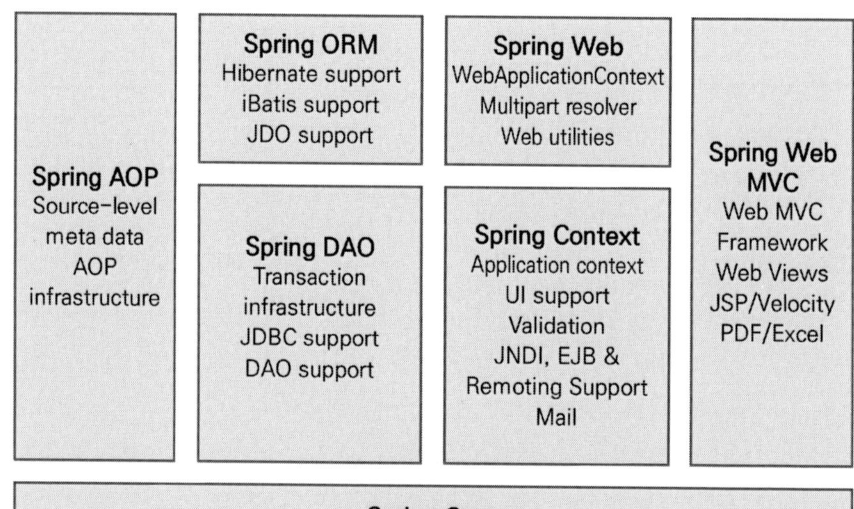

2.2.4 MyBatis

데이터베이스의 자원을 사용하려면 JDBC[Java Database Connectivity]를 이용해야 하고, 자바에서는 JDBC를 이용하여 데이터 처리 작업을 한다. 이 작업을 좀 더 간편하게 하는 프레임워크를 퍼시스턴스 프레임워크라고 한다. MyBatis[06]는 퍼시스턴스 프레임워크로, 개발자가 SQL, 저장 프로시저 등을 좀 더 쉽게 사용할 수 있게 해준다. 간결함과 쉬운 접근성 때문에 국내에서 많이 사용되고 있다.

[그림 2-4] MyBatis 구성도

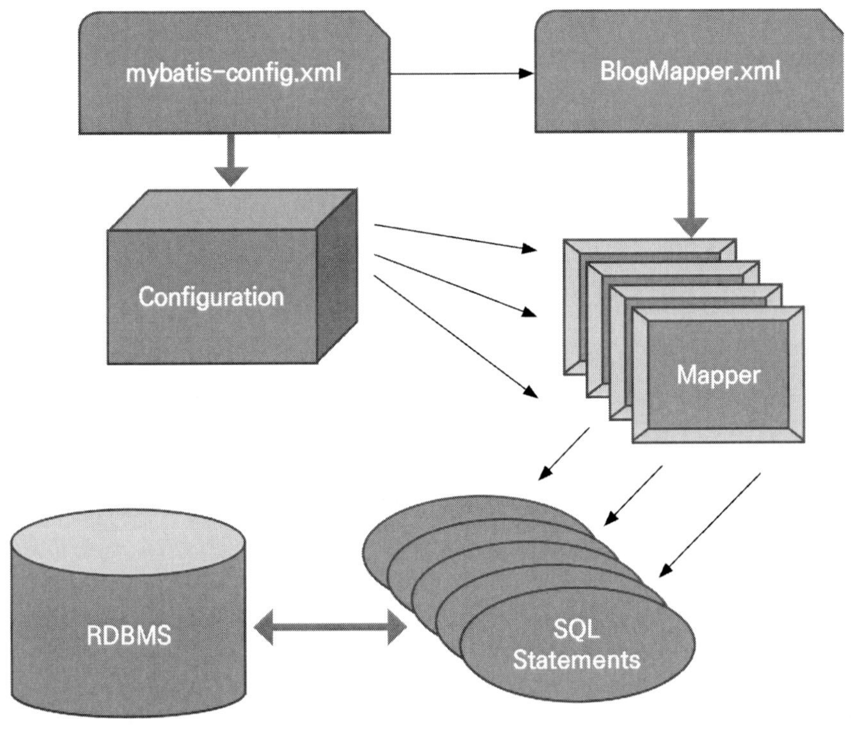

---

06 MyBatis는 iBatis의 새로운 버전이다. 아파치 소프트웨어 재단이 구글보다 변화에 늦게 반응한다고 느낀 팀원들은 Apache iBatis 프로젝트를 2010년 6월 16일에 종료하고, Google Code로 자리를옮겨서 MyBatis라는 프로젝트로 다시 시작했다.

MyBatis는 크게 두 부분으로 이루어진다. MyBatis 설정을 다루는 Configuration과 Mapper다.

Configuration은 MyBatis에 대한 전반적인 설정 정보를 가지고 있으며, XML 파일이나 Configuration 클래스를 이용해서 설정할 수 있다.

Mapper는 보통 Mapper XML 파일과 자바 인터페이스인 Mapper Interface로 이루어진다.[07] Mapper XML 파일은 MyBatis의 가장 큰 특징으로 SQL Statement를 XML에 정의하는 것이다. 이렇게 함으로써 데이터베이스에서 사용하는 SQL과 자바 코드를 분리하도록 도와준다. Mapper Interface는 Mapper XML에 정의한 SQL들을 자바에서 손쉽게 사용할 수 있도록 도와주는 역할을 한다. 그뿐 아니라 어노테이션을 이용해서 Mapper Interface에 직접 SQL을 정의하는 기능도 제공한다.

2.3 개발 환경 구축하기

Spring Web MVC를 사용하기 위한 기본적인 개발 환경을 구축해 본다. 메이븐으로 웹 애플리케이션 프로젝트를 생성하고, 필요한 의존성을 추가한 다음 스프링을 사용하기 위한 설정 작업을 한다.

2.3.1 메이븐으로 프로젝트 생성하기

웹 애플리케이션 기반의 메이븐 프로젝트를 생성한다. 메이븐을 사용하려면 Apache Maven Proejct[08]에서 내려받아서 설치해야 한다.

■ 디렉터리 구조

메이븐은 정규화된 디렉터리 구조를 제공한다. 소스 파일들은 /src 디렉터리 밑에

07 정확하게 말하면 XML 파일과 인터페이스 둘 중 하나를 사용해도 되고, 둘 다 사용해도 된다.
08 http://maven.apache.org/

위치하고, 빌드된 결과물은 /target 디렉터리 밑에 위치한다. 프로젝트가 성공적으로 생성되었다면, artifactId에 입력한 값과 동일한 이름의 디렉터리가 생긴다. archetype을 maven-archetype-webapp으로 생성한 디렉터리 구조는 다음과 같다.

[그림 2-5] 웹 애플리케이션의 메이븐 디렉터리 구조

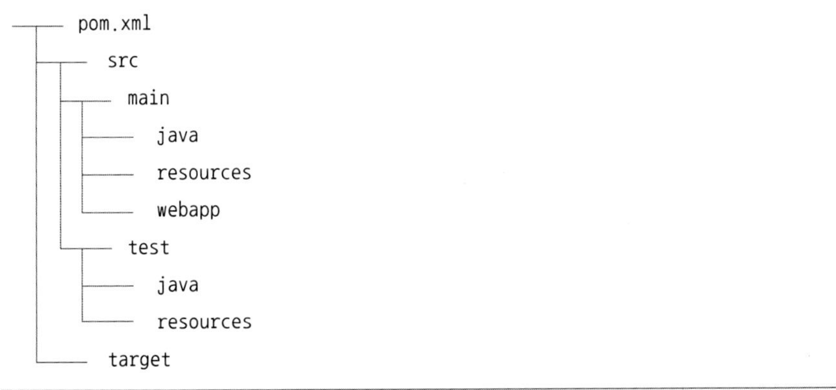

기본적으로 생성되는 주요 디렉터리는 다음과 같다.

- pom.xml: 프로젝트에 대한 전반적인 정보를 가지고 있다.
- src/main/java: 자바 소스 파일이 위치한다.
- src/main/resource: 배포할 리소스 파일(XML, properties 등)이 위치한다.
- src/main/webapp: 웹 애플리케이션 관련 파일(web.xml 등)이 위치한다.
- src/test/java: 테스트 케이스 자바 소스 파일이 위치한다.
- src/test/resources: 테스트 케이스에 사용할 리소스 파일이 위치한다.
- target: 빌드된 결과물

src 디렉터리를 main과 test로 나누는 이유는 실제 개발에 필요한 코드와 테스트 코드를 분리하기 위해서다.

■ 프로젝트 생성

메이븐의 프로젝트 생성 명령어는 다음과 같다.

```
mvn archetype:generate
```

이 명령어를 실행하면 메이븐 프로젝트를 생성하는 데 필요한 정보를 입력하라는 메시지가 단계적으로 나온다. 항목별로 알맞은 값을 입력하면 프로젝트가 생성된다. 또는 아래처럼 필요한 정보를 명령어에 추가하여 생성할 수 있다.

```
mvn archetype:generate -DgroupId=com.mycompany.app -DartifactId=my-app
-DarchetypeArtifactId=maven-archetype-quickstart -DinteractiveMode=false
```

프로젝트 생성 시 필요한 입력 항목

- groupId: 프로젝트가 속하는 그룹 식별 값으로, 단체나 회사를 뜻하는 값을 사용하며 패키지 형식으로 표현한다.
- artifactId: 프로젝트 결과물의 식별 값으로, 프로젝트나 모듈을 뜻하는 값을 사용한다.
- version: 프로젝트 결과물의 버전을 의미한다. 입력하지 않을 경우 기본값인 1.0-SNAPSHOT을 사용한다.
- package: 기본으로 생성할 패키지를 의미한다. 입력하지 않을 경우 groupId와 동일한 구조의 패키지를 생성한다.
- archetype: 생성할 프로젝트의 타입을 지정해준다. 웹 애플리케이션 기반의 프로젝트를 생성하려면 maven-archetype-webapp 타입으로 생성하면 된다.

다음과 같이 콘솔에서 메이븐 명령어를 실행하면 웹 애플리케이션 기반의 프로젝트를 생성할 수 있다.

```
mvn archetype:generate -DgroupId=devfun.bookstore -DartifactId=restapp
-DarchetypeArtifactId=maven-archetype-webapp -DinteractiveMode=false
```

이클립스를 사용하고 있다면 새 프로젝트를 생성하고 메이븐 프로젝트를 생성한 후 archetype을 maven-archetype-webapp으로 선택하면 된다. 만약 기본적으로 생성되지 않은 디렉터리가 있다면 직접 생성한다.

■ 컴파일 / 테스트 / 패키지

소스 코드를 컴파일하려면 다음 명령어를 실행한다.

```
mvn compile
```

컴파일된 클래스 파일은 target/classes 디렉터리에 생성된다.

테스트 클래스를 실행하려면 다음 명령어를 사용한다.

```
mvn test
```

[출력 결과]

```
[INFO] Scanning for projects...
[INFO]
[INFO] ------------------------------------------------------------------------
[INFO] Building restapp Maven Webapp 0.0.1-SNAPSHOT
[INFO] ------------------------------------------------------------------------
[INFO]
[INFO] --- maven-resources-plugin:2.6:resources (default-resources) @ restapp ---
...
[INFO] ------------------------------------------------------------------------
[INFO] BUILD SUCCESS
```

```
[INFO] ------------------------------------------------------------------------
[INFO] Total time: 0.730s
[INFO] Finished at: Mon Dec 02 13:26:04 KST 2013
[INFO] Final Memory: 5M/244M
[INFO] ------------------------------------------------------------------------
```

명령어를 실행하면 테스트 코드를 컴파일한 후 테스트 코드를 실행하고, 테스트 성공 여부를 화면에 출력해 준다. 컴파일된 테스트 클래스들은 target/test-classes 디렉터리에 생성되며, 테스트 결과 리포트는 target/surefire-reports 디렉터리에 저장된다.

컴파일도 정상적으로 되고 테스트도 통과하면, 배포 가능한 war 파일을 만든다. 다음 명령어를 실행하면 프로젝트를 패키징해서 결과물을 생성한다.

```
mvn package
```

[출력 결과]

```
[INFO] Scanning for projects...
[INFO]
[INFO] ------------------------------------------------------------------------
[INFO] Building restapp Maven Webapp 0.0.1-SNAPSHOT
[INFO] ------------------------------------------------------------------------
[INFO]
[INFO] --- maven-resources-plugin:2.6:resources (default-resources) @ restapp
[INFO] Copying 0 resource
[INFO]
[INFO] --- maven-compiler-plugin:2.5.1:compile (default-compile) @ restapp ---
[INFO] Nothing to compile - all classes are up to date
[INFO]
[INFO] --- maven-resources-plugin:2.6:testResources (default-testResources) @
```

```
restapp ---
[INFO] Copying 0 resource
[INFO]
[INFO] --- maven-compiler-plugin:2.5.1:testCompile (default-testCompile) @
restapp ---
[INFO] Nothing to compile - all classes are up to date
[INFO]
[INFO] --- maven-surefire-plugin:2.12.4:test (default-test) @ restapp ---
[INFO]
[INFO] --- maven-war-plugin:2.2:war (default-war) @ restapp ---
[INFO] Packaging webapp
[INFO] Assembling webapp [restapp] in [C:\Users\kangwoo\Documents\workspace-
sts restapp\target\restapp]
[INFO] Processing war project
[INFO] Copying webapp resources [C:\Users\kangwoo\Documents\workspace-sts\
restapp\src\main\webapp]
[INFO] Webapp assembled in [22 msecs]
[INFO] Building war: C:\Users\kangwoo\Documents\workspace-sts\restapp\target\
restapp.war
[INFO] WEB-INF\web.xml already added, skipping
[INFO] ------------------------------------------------------------------------
[INFO] BUILD SUCCESS
[INFO] ------------------------------------------------------------------------
[INFO] Total time: 1.017s
[INFO] Finished at: Mon Dec 02 13:34:00 KST 2013
[INFO] Final Memory: 6M/244M
[INFO] ------------------------------------------------------------------------
```

프로젝트 패키징이 성공적으로 완료되면, target 디렉터리에 프로젝트 이름과 동일한 war 파일이 생성된다. target 디렉터리를 조회해보면 restapp.war 파일이 생성된 것을 확인할 수 있다.

■ POM 파일

메이븐 프로젝트를 생성하면 pom.xml 파일이 프로젝트 루트 디렉터리에 생성된다. 이 파일은 Project Object Model 정보를 담고 있는데, 주요 설정 정보는 다음과 같다.

- 기본 정보: 패키징 방법, 의존 프로젝트, 부모 프로젝트, 의존 관리, 하위 모듈, 속성값 등을 기술한다.
- 빌드 설정: 소스, 리소스 및 플러그인 등 빌드에 관한 설정과 리포팅에 관한 설정을 기술한다.
- 상세 프로젝트 정보: 프로젝트 이름, 설명, URL, 라이선스, 개발자 정보 등을 기술한다.
- 환경 설정: 이슈 관리, CI 관리, SCM, 저장소, 플러그인 저장소, Profile 등을 기술한다.

archetype을 maven-archetype-webapp으로 선택한 경우 생성되는 pom.xml 파일은 다음과 같다.

```
<project xmlns="http://maven.apache.org/POM/4.0.0"
xmlns:xsi="http://www.w3.org/2001/XMLSchema-instance"
xsi:schemaLocation="http://maven.apache.org/POM/4.0.0
http://maven.apache.org/maven-v4_0_0.xsd">
  <modelVersion>4.0.0</modelVersion>
  <groupId>devfun.bookstore</groupId>
  <artifactId>restapp</artifactId>
  <packaging>war</packaging>
  <version>0.0.1-SNAPSHOT</version>
  <name>restapp Maven Webapp</name>
  <url>http://maven.apache.org</url>
  <dependencies>
```

```
    <dependency>
      <groupId>junit</groupId>
      <artifactId>junit</artifactId>
      <version>3.8.1</version>
      <scope>test</scope>
    </dependency>
  </dependencies>
  <build>
    <finalName>restapp</finalName>
  </build>
</project>
```

pom.xml 파일에서 기술한 항목은 다음과 같다.

- <groupId>: 프로젝트 그룹의 식별값을 의미한다.
- <artifactId>: 프로젝트의 식별값을 의미한다.
- <version>: 버전을 의미한다.
- <packaging>: 패키징 타입을 의미한다. 예제의 경우 프로젝트의 결과물을 war 파일로 생성한다. war뿐만 아니라, jar, ear 등의 패키징 타입이 존재한다.
- <name>: 프로젝트 이름을 의미한다.
- <url>: 프로젝트 사이트의 주소를 의미한다.
- <properties>: 속성값으로 사용할 하위 태그들을 기술한다.
- <dependencies>: 프로젝트에서 의존하는 다른 프로젝트의 정보를 기술한다.
- <dependency>: 의존하는 다른 프로젝트의 POM 정보를 기술한다.
- <groupId>: 의존하는 프로젝트의 그룹 groupId다.
- <artifactId>: 의존하는 프로젝트의 artifactId다.
- <version>: 의존하는 프로젝트의 버전이다.
- <scope>: 의존 범위를 설정한다.

■ 의존 설정

dependencies 항목에 대해서 좀 더 자세히 살펴보도록 하자.

앞서 말한 것처럼 dependencies 항목은 프로젝트에 필요한 의존성을 기술할 수 있다. 메이븐을 사용하지 않을 때는 프로젝트에 필요한 라이브러리를 직접 내려받아서 설치해야 한다. 예를 들어 Spring Web MVC 라이브러리를 사용하려면 spring-webmvc.jar뿐만 아니라 spring-core.jar, spring-context.jar 등 spring-webmvc.jar에서 필요한 모든 라이브러리를 각각 내려받아서 설치해야 한다. 즉, 프로젝트에서 필요로 하는 라이브러리뿐만 아니라 그 라이브러리가 필요로 하는 또 다른 라이브러리도 직접 찾아서 설치해야 한다.

하지만 메이븐을 사용하면 프로젝트에서 직접 사용하는 모듈(라이브러리)에 대한 의존성만 추가하면 된다. spring-webmvc 모듈을 사용하고 싶다면 다음과 같이 의존성을 추가하면 된다.

```
<dependency>
    <groupId>org.springframework</groupId>
    <artifactId>spring-webmvc</artifactId>
    <version>3.2.5.RELEASE</version>
</dependency>
```

이처럼 메이븐은 spring-webmvc뿐만 아니라 spring-webmvc가 의존하는 모듈들을 자동으로 설치해준다. 메이븐은 spring-webmvc 모듈을 내려받을 때 POM 파일도 함께 내려받는다. 그리고 POM 파일에 명시한 의존 모듈들도 함께 내려받는다. 이런 식으로 반복해서 내려받은 모듈이 필요로 하는 모듈을 다시 내려받는다.

따라서 일일이 필요한 모듈을 내려받을 필요가 없으며, 프로젝트에서 직접 필요한 모듈만 의존성에 추가하면 된다. 나머지 의존성은 메이븐이 알아서 처리해 준다.

NOTE_ POM 정보 찾기

http://search.maven.org 사이트나 http://mvnrepository.com 사이트를 이용하면 메이븐 중앙 저장소에 등록된 POM 정보를 검색할 수 있다. 이 사이트를 통해서 추가할 라이브러리의 의존 설정 정보를 구할 수 있다.

의존 범위scope는 의존하는 모듈을 언제 사용하는지 설정하는 것이다. 의존 범위에 올 수 있는 값은 다음과 같다.

- compile: 컴파일할 때 필요하다는 의미다. 실행(런타임) 및 테스트 때도 클래스패스에 포함한다. <scope>를 설정하지 않으면 기본값으로 compile이 사용된다. 배포 시 포함된다.
- Runtime: 프로젝트의 코드를 컴파일할 때는 필요하지 않지만, 실행할 때 필요하다는 의미다. 대표적인 예로 JDBC 드라이버가 있다. 배포 시 포함된다.
- provided: 컴파일할 때는 필요하지만, 실행 때는 다른 곳에서 제공하는 모듈을 사용하겠다는 의미다. 예를 들면 Servlet API, JSP API 등이 존재한다. 배포 시 제외된다.
- test: 테스트 코드를 컴파일하거나 테스트를 실행할 때 필요하다는 의미다. 유닛 테스트 모듈이나 Mock 모듈 등이 있다. 테스트 때는 클래스패스에 포함되지만, 배포 시 제외된다.

■ POM 파일 수정

이제 프로젝트에 필요한 라이브러리들을 추가해 보자.

먼저 properties 태그를 추가하고 소스 인코딩을 UTF-8로 설정한다. 프로젝트에 필요한 라이브러리의 버전 정보를 properties 태그에 선언한다. JUnit와 Spring, SLF4J, Servlet 버전을 설정한다.

```
<properties>
    <project.build.sourceEncoding>UTF-8</project.build.sourceEncoding>

    <!-- Test -->
    <version.junit>4.11</version.junit>

    <!-- Logging -->
    <version.slf4j>1.7.5</version.slf4j>
    <version.logback>1.0.13</version.logback>

    <!-- Spring -->
    <version.spring>3.2.5.RELEASE</version.spring>

    <!-- Servlet -->
    <version.servlet>2.5</version.servlet>
</properties>
```

라이브러리를 사용하기 위해 의존성 정보를 추가한다. JUnit은 이미 설정되어 있지만, 어노테이션 기반으로 테스트하기 위해 JUnit 버전을 3.x에서 4.x으로 변경한다. 그리고 스프링을 손쉽게 테스트할 수 있도록 도와주는 spring-test도 추가한다. 테스트 때만 사용하는 라이브러리이므로 의존 범위를 test로 설정한다. 버전 정보는 properties 태그에 사용한 것을 그대로 사용한다.

```
<dependencies>
  <dependency>
    <groupId>junit</groupId>
    <artifactId>junit</artifactId>
    <version>${version.junit}</version>
    <scope>test</scope>
  </dependency>
  <dependency>
    <groupId>org.springframework</groupId>
```

```
        <artifactId>spring-test</artifactId>
        <version>${version.spring}</version>
        <scope>test</scope>
        <exclusions>
            <exclusion>
                <artifactId>commons-logging</artifactId>
                <groupId>commons-logging</groupId>
            </exclusion>
        </exclusions>
    </dependency>
</dependencies>
```

spring-test 의존성을 추가하는 부분에 exclusions 태그는 의존성을 제외하겠다는 뜻이다. 스프링은 기본적으로 JCL을 사용하는데, 이 프로젝트에서는 SLF4J를 사용하므로 스프링에서 참조하는 JCL 라이브러리가 필요 없다. 따라서 spring-test에서 사용하는 commons-logging 라이브러리를 제외하기 위해 exclusions 태그로 선언한다.

로깅 관련 라이브러리인 SLF4J와 Logback을 추가하고, 스프링에서 로그 출력을 하기 위해 JCL-over-SLF4j를 추가한다.

```
<!-- Logging with SLF4J & LogBack -->
<dependency>
    <groupId>org.slf4j</groupId>
    <artifactId>slf4j-api</artifactId>
    <version>${version.slf4j}</version>
</dependency>
<dependency>
    <groupId>org.slf4j</groupId>
    <artifactId>jcl-over-slf4j</artifactId>
```

```
    <version>${version.slf4j}</version>
  </dependency>
  <dependency>
    <groupId>ch.qos.logback</groupId>
    <artifactId>logback-classic</artifactId>
    <version>${version.logback}</version>
  </dependency>
```

Spring Web MVC를 추가한다. 앞서 설명한 것처럼 SLF4J를 사용하기 위해 exclusions를 사용하여 JCL 라이브러리 참조를 제거한다.

```
  <dependency>
    <groupId>org.springframework</groupId>
    <artifactId>spring-webmvc</artifactId>
    <version>${version.spring}</version>
    <exclusions>
      <exclusion>
        <artifactId>commons-logging</artifactId>
        <groupId>commons-logging</groupId>
      </exclusion>
    </exclusions>
  </dependency>
```

Spring Web MVC 라이브러리만 추가해도 spring-core, spring-beans, spring-aop, spring-context 등 관련 라이브러리가 자동으로 추가된다.

프로젝트가 웹 애플리케이션이므로 Servlet API도 추가한다. 실제 실행할 때는 서블릿 컨테이너가 Servlet API를 제공하지만, 컴파일할 때 라이브러리가 필요하므로 추가해야만 한다. 의존 범위를 provided로 설정한다.

```
<!-- SERVLET -->
<dependency>
  <groupId>javax.servlet</groupId>
  <artifactId>servlet-api</artifactId>
  <version>${version.servlet}</version>
  <scope>provided</scope>
</dependency>
```

마지막으로 컴파일러 플러그인과 리소스 플러그인을 추가한다.

```
<build>
  <finalName>restapp</finalName>

  <plugins>
    <plugin>
      <groupId>org.apache.maven.plugins</groupId>
      <artifactId>maven-compiler-plugin</artifactId>
      <version>3.1</version>
      <configuration>
        <source>1.6</source>
        <target>1.6</target>
        <encoding>UTF-8</encoding>
      </configuration>
    </plugin>

    <plugin>
      <groupId>org.apache.maven.plugins</groupId>
      <artifactId>maven-resources-plugin</artifactId>
      <version>2.6</version>
      <configuration>
        <encoding>UTF-8</encoding>
      </configuration>
    </plugin>
```

```
        <plugin>
          <groupId>org.apache.maven.plugins</groupId>
          <artifactId>maven-surefire-plugin</artifactId>
          <version>2.16</version>
          <configuration>
            <argLine>
              -Xms256m -Xmx512m -XX:MaxPermSize=128m -Dfile.encoding=UTF-8
            </argLine>
          </configuration>
        </plugin>
      </plugins>
    </build>
```

전체적인 pom.xml은 다음과 같다.

[pom.xml]

```
  <project xmlns="http://maven.apache.org/POM/4.0.0"
  xmlns:xsi="http://www.w3.org/2001/XMLSchema-instance"
    xsi:schemaLocation="http://maven.apache.org/POM/4.0.0 http://
  maven.apache.org/maven-v4_0_0.xsd">
    <modelVersion>4.0.0</modelVersion>
    <groupId>devfun.bookstore</groupId>
    <artifactId>restapp</artifactId>
    <packaging>war</packaging>
    <version>0.0.1-SNAPSHOT</version>
    <name>restapp Maven Webapp</name>
    <url>http://maven.apache.org</url>

    <properties>
      <project.build.sourceEncoding>UTF-8</project.build.sourceEncoding>

      <!-- Test -->
```

```
    <version.junit>4.11</version.junit>

    <!-- Logging -->
    <version.slf4j>1.7.5</version.slf4j>
    <version.logback>1.0.13</version.logback>

    <!-- Spring -->
    <version.spring>3.2.5.RELEASE</version.spring>

    <!-- Servlet -->
    <version.servlet>2.5</version.servlet>
</properties>

<dependencies>
    <dependency>
        <groupId>junit</groupId>
        <artifactId>junit</artifactId>
        <version>${version.junit}</version>
        <scope>test</scope>
    </dependency>
    <dependency>
        <groupId>org.springframework</groupId>
        <artifactId>spring-test</artifactId>
        <version>${version.spring}</version>
        <scope>test</scope>
        <exclusions>
            <exclusion>
                <artifactId>commons-logging</artifactId>
                <groupId>commons-logging</groupId>
            </exclusion>
        </exclusions>
    </dependency>

    <!-- Logging with SLF4J & LogBack -->
```

```
<dependency>
  <groupId>org.slf4j</groupId>
  <artifactId>slf4j-api</artifactId>
  <version>${version.slf4j}</version>
</dependency>
<dependency>
  <groupId>org.slf4j</groupId>
  <artifactId>jcl-over-slf4j</artifactId>
  <version>${version.slf4j}</version>
</dependency>
<dependency>
  <groupId>ch.qos.logback</groupId>
  <artifactId>logback-classic</artifactId>
  <version>${version.logback}</version>
</dependency>

<dependency>
  <groupId>org.springframework</groupId>
  <artifactId>spring-webmvc</artifactId>
  <version>${version.spring}</version>
  <exclusions>
    <exclusion>
      <artifactId>commons-logging</artifactId>
      <groupId>commons-logging</groupId>
    </exclusion>
  </exclusions>
</dependency>

<!-- SERVLET -->
<dependency>
  <groupId>javax.servlet</groupId>
  <artifactId>servlet-api</artifactId>
  <version>${version.servlet}</version>
```

```
        <scope>provided</scope>
    </dependency>
</dependencies>

<build>
    <finalName>restapp</finalName>

    <plugins>
        <plugin>
            <groupId>org.apache.maven.plugins</groupId>
            <artifactId>maven-compiler-plugin</artifactId>
            <version>3.1</version>
            <configuration>
                <source>1.6</source>
                <target>1.6</target>
                <encoding>UTF-8</encoding>
            </configuration>
        </plugin>

        <plugin>
            <groupId>org.apache.maven.plugins</groupId>
            <artifactId>maven-resources-plugin</artifactId>
            <version>2.6</version>
            <configuration>
                <encoding>UTF-8</encoding>
            </configuration>
        </plugin>

        <plugin>
            <groupId>org.apache.maven.plugins</groupId>
            <artifactId>maven-surefire-plugin</artifactId>
            <version>2.16</version>
            <configuration>
                <argLine>
```

```
                -Xms256m -Xmx512m -XX:MaxPermSize=128m -Dfile.encoding=UTF-8
            </argLine>
        </configuration>
    </plugin>
  </plugins>
 </build>
</project>
```

NOTE_ Spring 3.2의 CGLIB 의존성

Spring JavaConfig의 @Configuration 어노테이션을 사용하기 위해서는 CGLIB가 필요하다. 스프링은 인터페이스가 없는 클래스의 프록시 기능을 사용하려고 CGLIB를 사용한다. 하지만 Spring 3.2부터 CGLIB가 스프링 안에 포함되었으므로 의존성에 추가할 필요가 없다. 새로운 CGLIB는 org.springframework.cglib(원본 패키지 명: net.sf.cglib)이라는 패키지 명으로 함께 포함되어 있다. 패키지 명을 변경한 이유는 기존 클래스패스에 존재하는 CGLIB 버전과 충돌을 방지하기 위해서다.

2.3.2 로그 설정하기

■ 로그 설정 파일

logack 설정은 logback.xml 파일을 생성해서 사용한다. 테스트용 설정 파일을 별도로 만들 수 있고, logback-test.xml이라는 이름을 사용한다. 이 프로젝트에서는 단순히 화면[Console]으로 출력하도록 설정한다.

■ 디렉터리 구조

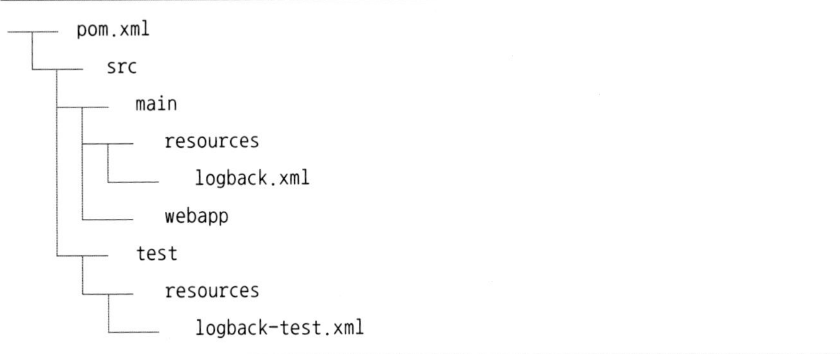

[src/main/resources/logback.xml]

```
<?xml version="1.0" encoding="UTF-8" ?>

<configuration scan="true" scanPeriod="3 seconds">

  <appender name="console" class="ch.qos.logback.core.ConsoleAppender">
    <layout>
      <pattern>
        %d{HH:mm:ss.SSS} [%thread] %-5level %logger{32} - %msg%n
      </pattern>
    </layout>
  </appender>

  <logger name="org.springframework" level="INFO" />

    <root level="WARN">
    <appender-ref ref="console" />
  </root>

</configuration>
```

[src/test/resources/logback-test.xml]

```
<?xml version="1.0" encoding="UTF-8" ?>

<configuration>

    <appender name="console" class="ch.qos.logback.core.ConsoleAppender">
        <layout>
            <pattern>
                %d{HH:mm:ss.SSS} [%thread] %-5level %logger{32} - %msg%n
            </pattern>
        </layout>
    </appender>

    <root level="DEBUG">
        <appender-ref ref="console" />
    </root>

</configuration>
```

2.3.3 Spring Web MVC를 이용한 웹 애플리케이션 개발하기

다른 MVC 기반의 프레임워크와 마찬가지로 Spring Web MVC도 Controller를 사용하여 클라이언트의 요청을 처리한다. 이때 Front-Controller 역할을 하는 것이 DispatcherServlet이다. 클라이언트의 모든 요청을 DispatcherServlet이 받고, RequestMapping으로 정의한 URI 경로를 따라 해당 Controller에게 요청을 넘겨준다. DispatcherServlet은 Spring MVC의 핵심 요소로, Controller로 향하는 모든 웹 요청의 진입점이다.

■ 디렉터리 구조

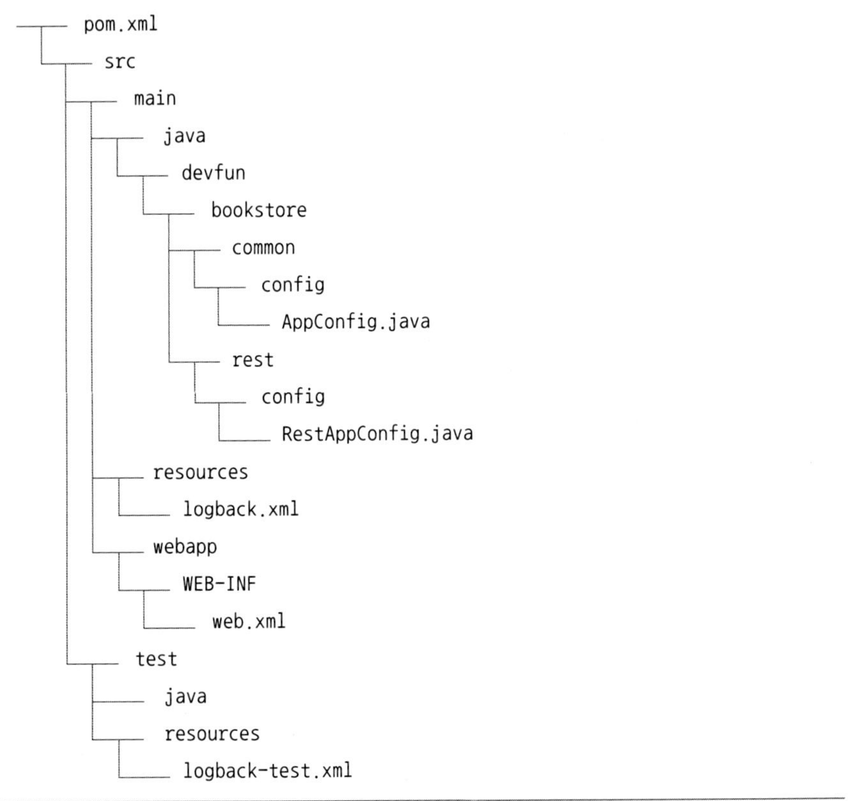
pom.xml
src
main
java
devfun
bookstore
common
config
AppConfig.java
rest
config
RestAppConfig.java
resources
logback.xml
webapp
WEB-INF
web.xml
test
java
resources
logback-test.xml

■ Spring Web MVC의 주요 구성 요소

구성 요소	설명
DispatcherServlet	클라이언트의 요청을 받아서 이를 처리할 Controller에게 전달한다. 요청을 처리한 Controller가 반환한 결과값을 View에게 전달한다.
HandlerMapping	클라이언트의 요청을 어떤 핸들러(Controller)가 처리할지 결정한다.
HandlerAdapter	DispatcherServlet이 요청을 처리할 핸들러(Controller)를 호출할 때 도움을 준다. 예를 들면, 어노테이션이 붙은 Controller를 호출할 때는 어노테이션을 처리할 필요가 있다.
HandlerExceptionResolver	Controller가 실행되는 중 발생한 의도치 않은 예외를 처리한다.
Controller	클라이언트의 요청을 처리한 후 그 결과값을 DispatcherServlet에 전달한다.
ModelAndView	Controller가 처리한 결과값 및 View 선택에 필요한 값을 저장한다.
ViewResolver	Controller가 처리한 결과값에 따라 처리할 View를 결정한다.
View	Controller가 처리한 결과값을 가지고 화면을 생성한다.

■ Spring Web MVC 처리 흐름

Spring Web MVC의 처리 흐름을 간단히 요약하면 다음과 같다.

[그림 2-5] Spring Web MVC 처리 흐름

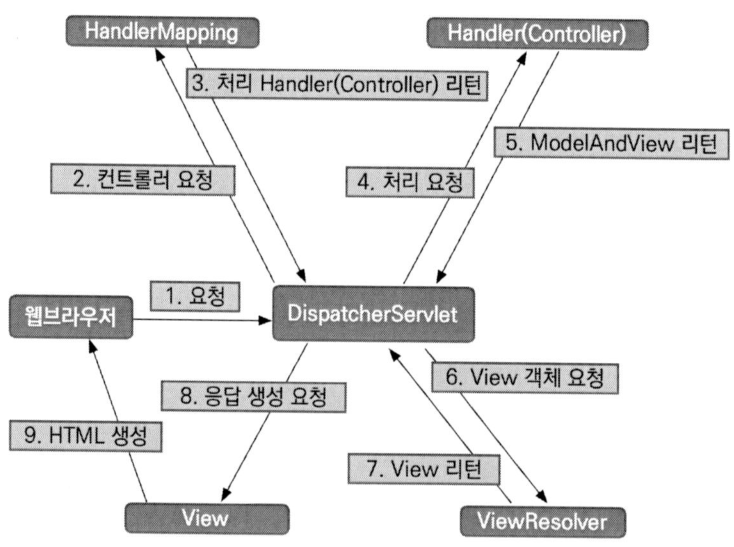

1. 클라이언트 요청이 DispatcherServlet에 전달된다.
2. HandlerMapping을 이용해 요청을 처리할 Controller를 찾는다.
3. HandlerAdapter를 이용해 Controller를 실행해서 요청을 처리한다.
4. 처리한 결과값에 따라 ViewResolver를 이용해서 View를 찾는다.
5. 처리한 결과값을 가지고 View에서 응답을 생성한다.

일반적으로 개발자가 직접 구현해야 하는 부분은 요청을 처리할 Controller와 응답 결과를 출력할 View 부분이다. 나머지 부분은 스프링이 제공하는 구현체를 사용하면 된다.

■ web.xml 생성하기

DispatcherServlet 설정하기

Spring Web MVC를 이용하여 웹 애플리케이션을 개발하려면 클라이언트의 요청을 받을 DispatcherServlet을 web.xml 파일에 설정하면 된다. DispatcherServlet은 서블릿 클래스로, 다음과 같이 서블릿 설정 및 서블릿 매핑 설정을 web.xml 파일에 추가하면 된다.

```
<servlet>
   <servlet-name>rest</servlet-name>
   <servlet-class>
      org.springframework.web.servlet.DispatcherServlet
   </servlet-class>
   <init-param>
      <param-name>contextClass</param-name>
      <param-value>
org.springframework.web.context.support.AnnotationConfigWebApplicationContext
      </param-value>
   </init-param>
   <init-param>
```

```
        <param-name>contextConfigLocation</param-name>
        <param-value>devfun.bookstore.rest.config</param-value>
    </init-param>
    <load-on-startup>1</load-on-startup>
</servlet>

<servlet-mapping>
    <servlet-name>rest</servlet-name>
    <url-pattern>/*</url-pattern>
</servlet-mapping>
```

앞의 설정은 모든 요청(/*)을 DispatcherServlet이 처리하도록 하고 있다.

DispatcherServlet은 contextClass라는 초기화 파라미터로 지정한 값을 가지고 설정 파일을 처리한다. 자바 클래스를 이용한 설정 파일을 사용하므로AnnotationConfigWebApplicationContext라는 값을 설정한다

AnnotationConfigWebApplicationContext는 @Configuration 어노테이션이 붙은 자바 클래스들을 이용하여 컨텍스트를 구성하도록 도와준다. AnnotationConfigWebApplicationContext는 구성 클래스의 위치를 'contextConfigLocation'이라는 파라미터로 설정해야 한다. 예제에서는 자바 패키지 명으로 설정했지만, 클래스 명으로도 사용할 수 있다.

NOTE_ web.xml

web.xml은 서블릿 배포 서술자(Deployment Descriptor)다. WAS(Web Application Server) 구동 시 /WEB-INF 디렉터리에 존재하는 web.xml 파일을 읽어서 웹 애플리케이션 설정을 구성한다. 즉, 웹 애플리케이션 실행 환경에 대한 정보를 담당하는 환경설정 파일이다. 서블릿 정보, 필터 정보, 웹 애플리케이션 정보, 외부 참조자원 선언 정보, 에러 페이지 정보 등을 설정할 수 있다. 참고로 서블릿 3.0부터는 web.xml을 사용하지 않고 자바 클래스로도 설정할 수 있다.

ContextLoaderListener 설정하기

앞서 설명한 DispatcherServlet만으로도 웹 애플리케이션을 충분히 개발할 수 있다. 그런데 만약 웹 페이지와 REST API를 한 곳에서 같이 서비스해야 한다면 어떻게 될까? 물론 하나의 DispatcherServlet에서 모든 것을 처리하게 할 수도 있지만, 개발 편의성과 애플리케이션의 구조적 모습에서 별로 좋지 않다. 이럴 경우 두 개의 DispatcherServlet을 생성해서 사용하는 것이 가장 알맞다. DispatcherServlet은 그 자체로 서블릿이기 때문에 한 개 이상의 DispatcherServlet 설정이 가능하다.

다음처럼 DispatcherServlet을 설정하면 두 개의 독립적인 컨텍스트가 생성된다.

```
<servlet>
  <servlet-name>rest</servlet-name>
  <servlet-class>
    org.springframework.web.servlet.DispatcherServlet
  </servlet-class>
  <init-param>
    <param-name>contextClass</param-name>
    <param-value>
org.springframework.web.context.support.AnnotationConfigWebApplicationContext
    </param-value>
  </init-param>
  <init-param>
    <param-name>contextConfigLocation</param-name>
    <param-value>devfun.bookstore.rest.config</param-value>
  </init-param>
  <load-on-startup>1</load-on-startup>
</servlet>

<servlet>
  <servlet-name>web</servlet-name>
  <servlet-class>
```

```
        org.springframework.web.servlet.DispatcherServlet
    </servlet-class>
    <init-param>
        <param-name>contextClass</param-name>
        <param-value>
org.springframework.web.context.support.AnnotationConfigWebApplicationContext
        </param-value>
    </init-param>
    <init-param>
        <param-name>contextConfigLocation</param-name>
        <param-value>devfun.bookstore.web.config</param-value>
    </init-param>
    <load-on-startup>1</load-on-startup>
</servlet>

<servlet-mapping>
    <servlet-name>rest</servlet-name>
    <url-pattern>/rest/*</url-pattern>
</servlet-mapping>

<servlet-mapping>
    <servlet-name>web</servlet-name>
    <url-pattern>/web/*</url-pattern>
</servlet-mapping>
```

이 경우 두 개의 DispatcherServlet은 각각 WebApplicationContext를 생성하게 된다. 두 컨텍스트는 독립적이므로 서로의 빈Bean을 참조할 수 없다. 즉, rest는 web에서 생성한 빈을 사용할 수 없고, web은 rest에서 생성한 빈을 사용할 수 없다. 만약 rest와 web에서 동시에 사용하는 공통 빈이 있는 경우 어떻게 해야 할까? 이럴 때는 ContextLoaderListener를 사용한다.

설정 방법은 다음과 같다.

```
<context-param>
   <param-name>contextClass</param-name>
   <param-value>
org.springframework.web.context.support.AnnotationConfigWebApplicationContext
   </param-value>
</context-param>

<context-param>
   <param-name>contextConfigLocation</param-name>
   <param-value>devfun.bookstore.common</param-value>
</context-param>

<listener>
   <listener-class>
      org.springframework.web.context.ContextLoaderListener
   </listener-class>
</listener>
```

ContextLoaderListener는 ApplicationContext를 생성하는데 이 ApplicationContext는 DispatcherServlet이 생성하는 WebApplicationContext의 부모 컨텍스트가 된다. 다시 말해 DispatcherServlet이 생성하는 WebApplicationContext는 ContextLoaderListener가 생성하는 ApplicationContext를 부모로 사용하는 자식 컨텍스트다.

이 자식 컨텍스트들은 부모 컨텍스트가 제공하는 빈을 사용할 수 있기 때문에 ContextLoaderListener를 사용하여 공통 빈을 설정할 수 있다.

[그림 2-6] ContextLoaderListener - DispatcherServlet 구조

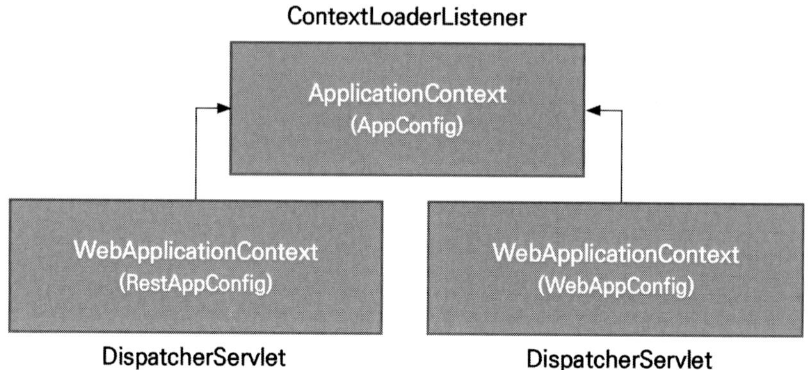

이러한 이유로 일반적으로 데이터 처리와 비즈니스 로직을 처리하는 Model과 관련된 빈들은 ContextLoaderListener를 이용해서 생성하게 하고, Controller와 View에 관련된 빈들은 DispatcherServlet에서 생성하게 한다.

전체적인 web.xml은 다음과 같다.

[src/main/webapp/WEB-INF/web.xml]

```
<?xml version="1.0" encoding="UTF-8"?>
<web-app version="2.5" xmlns="http://java.sun.com/xml/ns/javaee"
  xmlns:xsi="http://www.w3.org/2001/XMLSchema-instance"
  xsi:schemaLocation="http://java.sun.com/xml/ns/javaee http://java.sun.com/
xml/ns/javaee/web-app_2_5.xsd">

  <display-name>REST APP</display-name>

  <context-param>
    <param-name>contextClass</param-name>
    <param-value>
org.springframework.web.context.support.AnnotationConfigWebApplicationContext
```

```
    </param-value>
  </context-param>
  <context-param>
    <param-name>contextConfigLocation</param-name>
    <param-value>devfun.bookstore.common.config</param-value>
  </context-param>

  <filter>
    <filter-name>encodingFilter</filter-name>
    <filter-class>
      org.springframework.web.filter.CharacterEncodingFilter
    </filter-class>
    <init-param>
      <param-name>encoding</param-name>
      <param-value>UTF-8</param-value>
    </init-param>
  </filter>
  <filter-mapping>
    <filter-name>encodingFilter</filter-name>
    <url-pattern>/*</url-pattern>
  </filter-mapping>

  <listener>
    <listener-class>
      org.springframework.web.context.ContextLoaderListener
    </listener-class>
  </listener>

  <servlet>
    <servlet-name>rest</servlet-name>
    <servlet-class>
      org.springframework.web.servlet.DispatcherServlet
    </servlet-class>
    <init-param>
      <param-name>contextClass</param-name>
```

```
            <param-value>
    org.springframework.web.context.support.AnnotationConfigWebApplicationContext
            </param-value>
        </init-param>
        <init-param>
            <param-name>contextConfigLocation</param-name>
            <param-value>devfun.bookstore.rest.config</param-value>
        </init-param>
        <load-on-startup>1</load-on-startup>
    </servlet>
    <servlet-mapping>
        <servlet-name>rest</servlet-name>
        <url-pattern>/*</url-pattern>
    </servlet-mapping>
</web-app>
```

■ JavaConfig 살펴보기

JavaConfig는 XML을 사용하지 않고 순수 자바를 이용해서 스프링 컨테이너를 구성할 수 있게 해준다. 이 방법을 사용하면 이전에 XML로 표현했던 방식들을 Java 5 이상에서 제공하는 제네릭Generic과 어노테이션Annotation으로 구현할 수 있고, 필요에 따라 XML 또는 Property 등을 연결하여 사용할 수 있다.

Spring JavaConfig 의 장점

- 주입Injection, 상속, 다형성 등의 기능을 수행할 수 있다.
- 빈에 대한 생성과 초기화에 대한 모든 권한을 가진다.
- IDE 같은 개발 도구의 도움 없이도 손쉽게 리팩토링할 수 있다.
- 컨테이너 초기화 시 큰 비용이 드는 클래스패스 스캐닝Classpath Scanning을 줄일 수 있다.
- 필요에 따라 XML 또는 Property 등을 사용할 수 있다.

다음과 같이 자바를 이용해서 스프링을 설정할 수 있다.

```
import org.springframework.context.annotation.Bean;
import org.springframework.context.annotation.Configuration;
import org.springframework.context.annotation.ImportResource;

@Configuration
@ImportResource({"classpath*:/rest_config.xml"})
public class SimpleAppConfig {

   // ...

   @Bean
   public Dummy dummy() {
      return new Dummy();
   }
}
```

클래스 상단에 @Configuration 어노테이션을 사용해서 이 자바 클래스는 스프링 컨테이너에 의해 처리되는 구성 파일이라는 것을 알려준다. @Bean 어노테이션은 메소드 레벨에 정의하는데 XML 기반의 속성 정보 중 <bean/>과 동일한 역할을 수행한다.

@ImportResource 어노테이션은 XML 기반의 스프링 설정을 가져오는 데 사용한다. 이 어노테이션을 이용하면 기존에 존재하는 XML 기반의 구성정보를 자바 기반에서 사용할 수 있으므로 자바 기반으로 마이그레이션하는 데 큰 도움이 된다.

■ AppConfig 생성하기

애플리케이션 설정 클래스를 생성하도록 하겠다. AppConfig라는 이름의 클래스를 생성하고 @Configuration 어노테이션을 추가한다. 앞서 web.xml에 선언한 ContextLoaderListener에 의해 처리되기 위해서 패키지 명을 devfun.bookstore.common.config로 설정한다.

클래스를 생성하는 코드는 다음과 같다.

[src/main/java/devfun/bookstore/common/config/AppConfig.java]

```
package devfun.bookstore.common.config;

import org.springframework.context.annotation.Configuration;

@Configuration
public class AppConfig {
}
```

지금은 내용이 비어 있지만 앞으로 진행하면서 데이터베이스 접속, 트랜잭션 관리, DAO와 Service를 정의하는 부분이 추가된다.

웹 애플리케이션이 실행되면 web.xml에서 설정한 ContextLoaderListener에 의해 이 클래스가 처리된다. ContextLoaderListener 클래스는 context-param에 정의한 contextClass와 contextConfigLocation 값을 이용해서 지정한 경로에 위치한 구성 클래스 파일들을 읽어 들여 스프링 컨텍스트를 초기화해 준다. 앞서 설정한 값대로 devfun.bookstore.common.config 패키지에 위치한 설정 클래스들을 읽어 ApplicationContext를 생성한다.

■ RestAppConfig 생성하기

REST 웹 애플리케이션 설정 클래스를 생성하도록 하겠다. RestAppConfig라는 이름의 클래스를 생성하고 @Configuration 어노테이션을 추가한다. 앞서 web.xml에 선언한 DispatcherServlet에 의해 처리되려면 패키지명을 devfun.bookstore.rest.config로 설정한다.

코드는 다음과 같다.

[src/main/java/devfun/bookstore/rest/config/RestAppConfig.java]

```
package devfun.bookstore.rest.config;

import org.springframework.context.annotation.Configuration;

@Configuration
public class RestAppConfig {

}
```

설정한 web.xml 정보에 따라 먼저 ContextLoaderListener가 생성되면서 ApplicactionContext를 초기화하는데, 이때 AppConfig 클래스를 읽어와서 초기화에 필요한 작업을 하게 된다. 그다음 DispatcherServlet이 생성된다. 이때도 WebApplicationContext가 초기화되고, RestAppConfig 클래스를 읽어와서 초기화에 필요한 작업을 한다.

2.4 애플리케이션 구조

2.4.1 Controller - Service - DAO

스프링 웹 애플리케이션을 개발할 때 모듈별로 분리하는 것을 권장한다. 즉, 사용자의 요청을 처리하는 Controller와 비즈니스 로직을 처리하는 Service, 데이터를 처리하는 DAOData Access Object로 분리하는 것이다. 이렇게 함으로써 유지 보수 및 테스트를 쉽게 할 수 있다. 일반적으로 사용자의 요청은 Controller가 받게 되고, Controller는 Service를 호출하고, Service는 DAO를 호출하는 구조를 갖게 된다.

[그림 2-7] 애플리케이션 구조

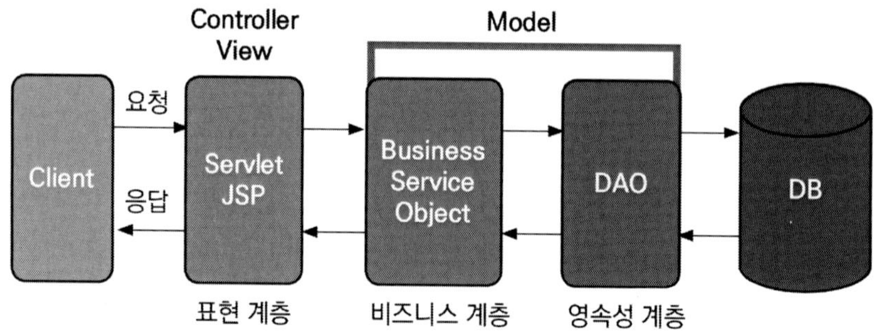

이 구조를 계층으로 표현하면 Controller와 View는 표현 계층Presentation Layer이 되고, Service는 비즈니스 계층Business Layer, DAO는 영속성 계층Persistence Layer이라고 말할 수 있다.

여기서는 설명의 편의상 영속성 계층 → 비즈니스 계층 → 표현 계층 순으로 구현하겠다.

2.5 요약

이 장에서는 예제 애플리케이션을 만들기 위한 요구사항 정의 및 개발 환경에 대해서 알아보았다. 로그 출력을 위한 로깅 라이브러리로는 SLF4J와 Logaback을 사용하고, 기반 프레임워크로는 스프링 3.2, 데이터 처리를 담당하는 퍼시스턴스 프레임워크로는 MyBatis를 사용하였다.

개발 툴은 메이븐을 사용하였는데, 메이븐을 이용해서 웹 애플리케이션의 기본 구조를 생성하고 필요한 의존성을 추가하여 참조하는 라이브러리를 사용할 수 있게 했다.

그리고 @Configuration 어노테이션을 이용한 자바 기반의 구성 방법으로 Spring Web MVC 기반의 웹 애플리케이션을 구성했다.

3 | Persistence Layer

이 장에서는 영속성 계층이 무엇인지 알아보고, 스프링 환경에서 MyBatis 3.2를 이용해서 영속성 계층을 구현하는 방법을 보여준다. 또한 MyBatis를 이용해서 DAO를 구현하는 방법과 스프링 구성 추가 방법을 다룬다.

3.1 영속성(퍼시스턴스) 계층이란?

영속성Persistence은 애플리케이션의 생명주기를 연장해주는 데이터의 속성으로, 애플리케이션이 그 실행을 멈춘 후에도 데이터를 사용할 수 있게 해준다.

영속성을 이루는 방법에는 여러 가지가 있다. 전통적인 방법은 파일 시스템을 이용해서 파일에 필요한 정보를 저장하는 것이다. 이 방법은 데이터가 파일에 산재하여 저장되기 때문에 관리하기 어렵고, 동시접근에 대한 데이터 무결성을 해칠 가능성이 높다. 그리고 정렬Sorting되어 있지 않을 경우에는 데이터를 찾는 데 시간을 많이 소비해야 한다.

그래서 일반적으로 대용량의 데이터 저장소를 제공하는 데이터베이스를 사용한다. 데이터베이스 종류에는 관계형RDB: Relational Database, 객체 지향OODB: Object-Oriented Database, 계층형Hierarchical Database, 망형Network Database 등 여러 가지가 있다. 데이터베이스들은 그들만의 데이터베이스 관리시스템DBMS: Database Management System이 있고, 이것이 영속성 기능과 관련 정보들을 관리해 준다.

이 중에서 관계형 데이터베이스가 가장 많이 사용된다. 관계형 데이터베이스는 키key와 값value들을 가진 일련의 정형화된 테이블들로 구성되어 있다. 그리고 데이터베이스에 연결하여 데이터를 조회하거나 관리하는 데 SQLStructured Query Language을 사용한다.

3.2 DAO Data Access Object

대부분의 애플리케이션에서는 데이터베이스에 접속하여 데이터를 처리하는 작업을 한다. 자바는 JDBC를 이용하여 데이터베이스에 접속할 수 있는데, 데이터베이스에 접근한 후 SQL을 이용하여 여러 작업을 한다.

JDBC는 실제로는 인터페이스로 정의되어 있어서 각 데이터베이스 제조사들은 각자 자신들의 데이터베이스에 맞게 드라이버 클래스를 구현해서 제공하고 있다. 그래서 어떤 데이터베이스를 사용하더라도 표준적인 JDBC의 사용법만 익히면 쉽게 사용할 수 있다는 장점이 있다.

스프링 프레임워크에서도 당연히 JDBC를 이용하여 개발할 수 있다. 하지만 JDBC를 이용하여 퍼시스턴스 계층을 구현할 때 여러 가지 불편한 점 때문에 ORM Object-Relational Mapping이나 퍼시스턴스 프레임워크를 사용하는 것이 좋다. JDBC를 이용할 경우 직접 구현해야 했던 Connection 생성, Statemenet 생성, ResultSet 처리, SQLException 처리 같은 반복적인 작업들을 ORM 등이 대신해 줌으로써 좀 더 편리하게 개발할 수 있다.

ORM은 OOP 언어와 데이터를 다루는 RDBMS라는 서로 다른 시스템을 매핑하여 손쉽게 데이터 관련 OOP 프로그래밍을 할 수 있게 해주는 기술이다.

자바에서는 Hiberante, MyBatis(iBatis), JPA Java Persistence API, JDO Java Data Objects 등이 있다.

ORM의 장점

- 생산성이 향상된다.
- SQL을 작성하고, 그 실행 결과로부터 객체를 생성하는 등의 번거로운 작업을 대체해 준다.
- 유지보수가 쉽다.

ORM의 단점

- 초반 학습 비용이 많이 든다.
- 객체 지향적으로 클래스를 설계하기가 쉽지 않다
- ORM을 잘못 사용할 경우 성능 저하를 발생시킬 수 있다.

스프링 프레임워크는 ORM 도구들과의 통합을 지원한다.[01] 여기서는 앞서 말한 대로 MyBatis 3.2를 사용한다.[02]

보통 퍼시스턴스 계층을 구현하는 자바 클래스를 DAO^Data Access Object^라 부른다. 하지만 사용하는 퍼시스턴스 프레임워크에 따라 단어를 다르게 쓰기도 한다. 예를 들면 MyBatis에서는 보통 Mapper라 하고, JPA는 Repository라고 쓴다. 여기에서는 MyBatis를 사용하므로 DAO 대신 Mapper를 사용하겠다.

01 엄밀한 의미에서 MyBatis를 ORM이라고 부르기는 조금 어려운 면이 있지만 광범위한 개념에서 포함했다.

02 국내에서는 MyBatis(iBatis)를 많이 사용하고 있으나, 세계적인 추세는 JPA-Hibernate다. 개발 환경에 따라 무엇이 더 좋다고 말할 수는 없으나, 게으른 개발자에게는 JPA-Hibernate를 추천한다.

3.3 Mapper 구현하기

3.3.1 디렉터리 구조

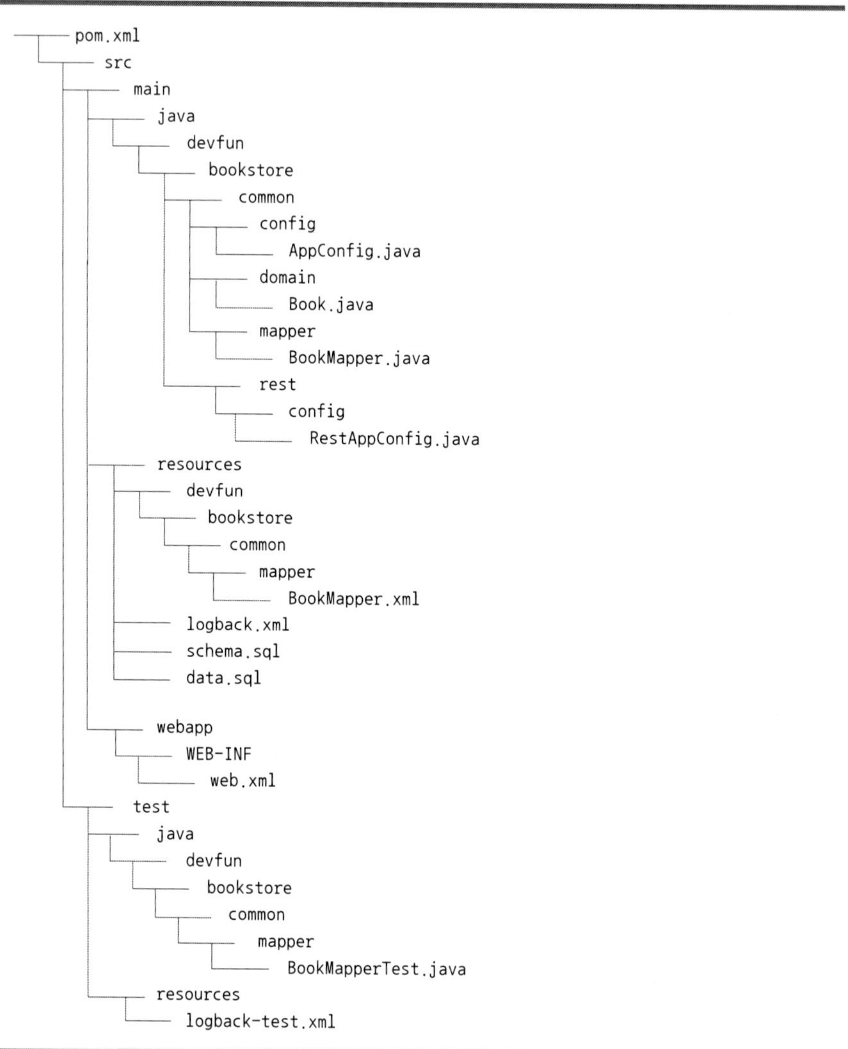

3.3.2 POM 파일 의존성 추가하기

프로젝트에 MyBatis와 데이터베이스를 사용하기 위한 라이브러리를 추가해보자.

우선 프로젝트에 mybatis 의존성을 추가한다. 그리고 MyBatis와 Spring 연동을 위해 mybatis-spring도 추가한다.

```
<properties>
...
   <!-- MyBatis -->
   <version.mybatis>3.2.3</version.mybatis>
   <version.mybatis.spring>1.2.1</version.mybatis.spring>
...
</properties>

<dependencies>
...
   <!-- MyBatis -->
   <dependency>
      <groupId>org.mybatis</groupId>
      <artifactId>mybatis</artifactId>
      <version>${version.mybatis}</version>
   </dependency>

   <dependency>
      <groupId>org.mybatis</groupId>
      <artifactId>mybatis-spring</artifactId>
      <version>${version.mybatis.spring }</version>
   </dependency>
...
</dependencies>
```

임베디드 데이터베이스인 HSQLDB를 사용하기 위해 hsqldb도 추가한다.

```
<!-- HSQLDB -->
  <dependency>
    <groupId>org.hsqldb</groupId>
    <artifactId>hsqldb</artifactId>
    <version>2.3.1</version>
  </dependency>
```

스프링에서 지원하는 EmbeddedDatabaseBuilder를 사용하기 위해 spring-jdbc도 추가한다.

```
<dependency>
  <groupId>org.springframework</groupId>
  <artifactId>spring-jdbc</artifactId>
  <version>${version.spring}</version>
</dependency>
```

만약 HSQLDB를 사용하지 않고 별도로 설치된 데이터베이스를 사용하려면 해당 데이터베이스의 JDBC 드라이버를 추가한다. 오라클을 사용한다면 다음과 같이 추가한다.

```
<!-- Oracle JDBC Driver -->
<dependency>
  <groupId>com.oracle</groupId>
  <artifactId>ojdbc6</artifactId>
  <version>11.2.0.3</version>
</dependency>
```

NOTE_ 오라클 JDBC 드라이버 사용하기

불행히도 앞의 예제처럼 선언해도 오라클 JDBC 드라이버를 가져올 수 없다. 그 이유는 메이븐 중앙 저장소에 오라클 JDBC 드라이버가 등록되어 있지 않기 때문이다. 해결 방법은 다음과 같다.

- 로컬 저장소에 오라클 JDBC 드라이버 설치하기
- 오라클 JDBC 드라이버를 포함하고 있는 저장소 등록하기
- Nexus[03]를 이용하여 메이븐 저장소를 구축한 다음 사용하기

전체 pom.xml은 다음과 같다.

[pom.xml]

```
<project xmlns="http://maven.apache.org/POM/4.0.0"
xmlns:xsi="http://www.w3.org/2001/XMLSchema-instance"
  xsi:schemaLocation="http://maven.apache.org/POM/4.0.0 http://
maven.apache.org/maven-v4_0_0.xsd">
  <modelVersion>4.0.0</modelVersion>
  <groupId>devfun.bookstore</groupId>
  <artifactId>restapp</artifactId>
  <packaging>war</packaging>
  <version>0.0.1-SNAPSHOT</version>
  <name>restapp Maven Webapp</name>
  <url>http://maven.apache.org</url>

  <properties>
    <project.build.sourceEncoding>UTF-8</project.build.sourceEncoding>

    <!-- Test -->
    <version.junit>4.11</version.junit>

    <!-- Logging -->
    <version.slf4j>1.7.5</version.slf4j>
```

03 http://www.sonatype.org/nexus/

```
        <version.logback>1.0.13</version.logback>

        <!-- Spring -->
        <version.spring>3.2.5.RELEASE</version.spring>

        <!-- MyBatis -->
        <version.mybatis>3.2.3</version.mybatis>
        <version.mybatis.spring>1.2.1</version.mybatis.spring>

        <!-- Servlet -->
        <version.servlet>2.5</version.servlet>
    </properties>

    <dependencies>
        <dependency>
            <groupId>junit</groupId>
            <artifactId>junit</artifactId>
            <version>${version.junit}</version>
            <scope>test</scope>
        </dependency>
        <dependency>
            <groupId>org.springframework</groupId>
            <artifactId>spring-test</artifactId>
            <version>${version.spring}</version>
            <scope>test</scope>
            <exclusions>
                <exclusion>
                    <artifactId>commons-logging</artifactId>
                    <groupId>commons-logging</groupId>
                </exclusion>
            </exclusions>
        </dependency>

        <!-- Logging with SLF4J & LogBack -->
```

```
<dependency>
   <groupId>org.slf4j</groupId>
   <artifactId>slf4j-api</artifactId>
   <version>${version.slf4j}</version>
</dependency>
<dependency>
   <groupId>org.slf4j</groupId>
   <artifactId>jcl-over-slf4j</artifactId>
   <version>${version.slf4j}</version>
</dependency>
<dependency>
   <groupId>ch.qos.logback</groupId>
   <artifactId>logback-classic</artifactId>
   <version>${version.logback}</version>
</dependency>

<dependency>
   <groupId>org.springframework</groupId>
   <artifactId>spring-webmvc</artifactId>
   <version>${version.spring}</version>
   <exclusions>
      <exclusion>
         <artifactId>commons-logging</artifactId>
         <groupId>commons-logging</groupId>
      </exclusion>
   </exclusions>
</dependency>

<dependency>
   <groupId>org.springframework</groupId>
   <artifactId>spring-jdbc</artifactId>
   <version>${version.spring}</version>
</dependency>
```

```xml
        <!-- MyBatis -->
        <dependency>
            <groupId>org.mybatis</groupId>
            <artifactId>mybatis</artifactId>
            <version>${version.mybatis}</version>
        </dependency>

        <dependency>
            <groupId>org.mybatis</groupId>
            <artifactId>mybatis-spring</artifactId>
            <version>${version.mybatis.spring}</version>
        </dependency>

        <!-- HSQLDB -->
        <dependency>
            <groupId>org.hsqldb</groupId>
            <artifactId>hsqldb</artifactId>
            <version>2.3.1</version>
        </dependency>

        <!-- SERVLET -->
        <dependency>
            <groupId>javax.servlet</groupId>
            <artifactId>servlet-api</artifactId>
            <version>${version.servlet}</version>
            <scope>provided</scope>
        </dependency>
    </dependencies>

    <build>
        <finalName>restapp</finalName>

        <plugins>
            <plugin>
```

```
            <groupId>org.apache.maven.plugins</groupId>
            <artifactId>maven-compiler-plugin</artifactId>
            <version>3.1</version>
            <configuration>
                <source>1.6</source>
                <target>1.6</target>
                <encoding>UTF-8</encoding>
            </configuration>
        </plugin>

        <plugin>
            <groupId>org.apache.maven.plugins</groupId>
            <artifactId>maven-resources-plugin</artifactId>
            <version>2.6</version>
            <configuration>
                <encoding>UTF-8</encoding>
            </configuration>
        </plugin>

        <plugin>
            <groupId>org.apache.maven.plugins</groupId>
            <artifactId>maven-surefire-plugin</artifactId>
            <version>2.16</version>
            <configuration>
                <argLine>
                    -Xms256m -Xmx512m -XX:MaxPermSize=128m
                    -Dfile.encoding=UTF-8
                </argLine>
            </configuration>
        </plugin>
    </plugins>
  </build>

</project>
```

3.3.3 데이터베이스 접속 설정

■ JDBC DriverManager와 DataSource 살펴보기

JDBC를 이용하여 데이터베이스에 연결하는 방법은 크게 두 가지가 있다. DriverManager를 사용하는 방법과 DataSource를 사용하는 방법이다. DriverManager는 JDBC 드라이버에서 지원하는 기본 서비스다. DataSource는 JDBC 2.0의 javax.sql 패키지에 포함되었는데, 데이터베이스의 연결자원Connection을 만들거나 사용하는데 좀 더 유연한 아키텍처를 제공하기 위해서 도입되었다. 보통 DriverManager 보다 DataSource 사용을 권장한다.

DriverManager

데이터베이스에서 제공하는 JDBC 드라이버를 직접 이용해서 연결자원을 생성한다. 오라클 데이터베이스를 예로 들면 다음과 같다.

```
String driverClass = "oracle.jdbc.drvier.OracleDriver";
String url = "jdbc.oracle.thin:@somwhere:1524:orcl";
String username = "user";
String password = "password";

Class.forName("oracle.jdbc.drvier.OracleDriver");
Connection conn = DriverManager.getConnection(url, username, password);
```

DataSource

DataSource를 사용하기 위해서는 우선 DataSource 인터페이스 구현체를 사용하여 연결자원을 생성한다. JDBC에서 제공하는 DataSource 구현체를 사용할 수 있고, DBCP, c3p0, BoneCP 같은 커넥션 풀링 라이브러리에서 제공해주는 DataSource 구현체를 사용할 수도 있다. 또한, JNDIJava Naming and Directory Interface를 통해서 가져올 수도 있다. BoneCP를 예로 들면 다음과 같다.

```
String driverClass = "oracle.jdbc.drvier.OracleDriver";
String url = "jdbc.oracle.thin:@somwhere:1524:orcl";
String username = "user";
String password = "password";

BonceCPDataSource ds = new BoneCPDataSource();
ds.setDriverClass(driverClass);
ds.setJdbcUrl(url);
ds.setUsername(username);
ds.setPassword(password);
Connection conn = ds.getConnection();
```

NOTE_ DataSource 인터페이스 타입

- Javax.sql.DataSource: 기본적인 DataSource
- Javax.sql.ConnectionPoolDataSource: 커넥션 풀링 기능을 갖춘 DataSource
- Javax.sql.XADataSource: 분산 트랜잭션을 지원하는 DataSource

■ AppConfig 설정 파일에 DataSource 추가하기

애플리케이션에서 데이터베이스를 사용하기 위해 DataSource를 추가해 보자.

AppConfig 클래스에 DataSource를 생성하는 부분을 추가한다. HSQL이라는 임베디드 데이터베이스를 사용한다. 직접 DataSource 구현체를 생성해서 사용할 수도 있지만, EmbeddedDatabaseBuilder를 사용하겠다. 임베디드 데이터베이스를 사용하려면 조금 번거로운 과정을 거쳐야 하는데, 스프링에서는 손쉽게 임베디드 데이터베이스를 사용할 수 있는 빌더를 제공하고 있다. 이 빌더를 이용하면 DB 이름 구성, DB 종류 구성, 스크립트 추가 정도의 작업만 하면 쉽게 사용할 수 있다.

다음과 같이 EmbeddedDatabaseBuilder를 사용해서 임베디드 데이터베이스를 생성하고 연결자원도 생성한다.

[src/main/java/devfun/bookstore/common/config/AppConfig.java]

```
@Configuration
public class AppConfig {
...
    @Bean
    public DataSource dataSource() {
        return new EmbeddedDatabaseBuilder()
            .setName("testdb")  // DB 이름 설정
            .setType(EmbeddedDatabaseType.HSQL) // DB 종류 설정
            .build();
    }
...
}
```

만약 별도의 독립된 데이터베이스 서버를 사용한다면 BoneCP 같은 커넥션 풀링 라이브러리를 사용하면 된다. 다음은 BoneCP를 이용한 DataSource 추가 방법이다.[04]

[src/main/java/devfun/bookstore/common/config/AppConfig.java]

```
@Configuration
public class AppConfig {
...
    @Bean(destroyMethod = "close")
    public DataSource dataSource() {
        BoneCPDataSource ds = new BoneCPDataSource();

        ds.setDriverClass(driverClass);
        ds.setJdbcUrl(url);
```

04 BoneCP를 사용하려면 boncp 의존성을 pom.xml에 추가해야 한다.

```
        ds.setUsername(username);
        ds.setPassword(password);
        return ds;
    }
  ...
}
```

■ 테이블 스키마

관계형 데이터베이스는 테이블에 데이터를 저장한다. 즉, 도서 정보를 저장하기 위해 테이블을 생성해야 한다. 도서 정보 테이블 스키마는 다음과 같다.

[표 3-1] 도서 정보 테이블 스키마

컬럼명	데이터 타입	NULL 여부	설명
ID	VARCHAR	NOT NULL	도서 아이디
TITLE	VARCHAR	NULL	도서 이름
CREATOR	VARCHAR	NULL	저자
TYPE	VARCHAR	NULL	종류
DATE	DATETIME	NULL	발간일

독립된 데이터베이스 서버를 사용한다면 데이터베이스에 접속한 후 테이블을 생성하는 SQL을 실행하면 된다. 오라클을 예로 들면 아래와 같은 DDL[Data Definition Language] 문을 실행한다.

```
CREATE TABLE BOOK (
   ID NUMBER NOT NULL,
   TITLE VARCHAR2(255),
   CREATOR VARCHAR2(255),
   TYPE VARCHAR2(255),
   DATE DATE,
   PRIMARY KEY (ID)
);
```

예제에서는 메모리(In Memory) 방식의 임베디드 데이터베이스를 사용하기 때문에 약간 다른 방법을 써야 한다.

■ In-Memory HSQLDB

별도로 설치된 데이터베이스를 사용할 때는 앞의 스키마대로 테이블을 생성한 다음 사용하면 된다. 하지만 예제에서 사용하는 임베디드 데이터베이스인 HSQLDB를 사용하기 위해서는 몇 가지 준비사항이 필요하다.

메모리 방식이기 때문에 애플리케이션이 실행될 때 HSQLDB가 초기화되면서 메모리에 적재된다. 즉, 애플리케이션이 실행될 때마다 모든 테이블 스키마와 데이터가 사라져버린다. 그래서 실행할 때마다 스키마 정보와 데이터를 데이터베이스에 적재시켜야 한다. 그러므로 테이블을 생성하는 SQL이 들어있는 schema.sql 파일과 데이터를 추가하는 SQL이 들어있는 data.sql 파일을 생성한 후 임베디드 데이터베이스가 생성될 때마다 적재시켜 준다.

우선 AppConfig 클래스의 DataSource를 생성하는 부분을 변경하자. AppConfig 클래스에 다음과 같이 addScript() 관련 코드를 추가한다.

[src/main/java/devfun/bookstore/common/config/AppConfig.java]

```
@Configuration
public class AppConfig {

   @Bean
   public DataSource dataSource() {
      return new EmbeddedDatabaseBuilder()
            .setName("testdb") // DB 이름 설정
            .setType(EmbeddedDatabaseType.HSQL) // DB 종류 설정
            .addScript("schema.sql") // 스키마 스크립트 추가
            .addScript("data.sql") // 데이터 스크립트 추가
```

```
            .build();
    }
}
```

테이블 스키마 정보를 담고 있는 schema.sql을 생성한다. schema.sql 파일의 코드는 다음과 같다.

[src/main/resources/schema.sql]

```
CREATE TABLE BOOK (
  ID BIGINT NOT NULL,
  TITLE VARCHAR(255),
  CREATOR VARCHAR(255),
  TYPE VARCHAR(255),
  DATE DATETIME,
  PRIMARY KEY (ID)
);
```

테스트 데이터를 추가해주는 SQL을 담고 있는 data.sql을 생성한다. data.sql 파일의 코드는 다음과 같다.

[src/main/resources/data.sql]

```
INSERT INTO BOOK (ID, TITLE, CREATOR, TYPE, DATE)
  VALUES (1, '명예의 조각들', '로이스 맥마스터 부졸드', '외국판타지소설', '2011-
08-15 12:21:00.000');

INSERT INTO BOOK (ID, TITLE, CREATOR, TYPE, DATE)
  VALUES (2, '바라야 내전', '로이스 맥마스터 부졸드', '외국판타지소설', '2011-
08-15 12:21:00.000');

INSERT INTO BOOK (ID, TITLE, CREATOR, TYPE, DATE)
  VALUES (3, '피렌체의 여마법사', '살만 루슈디', '영국문학', '2011-08-15
12:21:00.000');
```

3.3.4 모델 구현하기

■ Book 클래스

데이터베이스에 있는 도서 테이블(BOOK)의 정보를 담기 위한 자바 객체를 생성한다. 식별이 쉽도록 테이블 컬럼명과 자바 변수명을 비슷하게 사용하였다. 간단하게 테이블의 컬럼명에 해당하는 변수를 선언한 후 get/set 메소드만 만들면 된다.

Book 클래스의 코드는 다음과 같다.

[src/main/java/devfun/bookstore/common/domain/Book.java]

```
package devfun.bookstore.common.domain;

import java.util.Date;

public class Book {

    private Long id;
    private String title;
    private String creator;
    private String type;
    private Date date;

    public Book() {
    }

    public Book(Long id, String title, String creator, String type, Date date) {
        this.id = id;
        this.title = title;
        this.creator = creator;
        this.type = type;
        this.date = date;
    }

    public Long getId() {
```

```
        return id;
    }

    public void setId(Long id) {
        this.id = id;
    }

    public String getTitle() {
        return title;
    }

    public void setTitle(String title) {
        this.title = title;
    }

    public String getCreator() {
        return creator;
    }

    public void setCreator(String creator) {
        this.creator = creator;
    }

    public String getType() {
        return type;
    }

    public void setType(String type) {
        this.type = type;
    }

    public Date getDate() {
        return date;
    }

    public void setDate(Date date) {
```

```
        this.date = date;
    }
}
```

■ Pojomatic

개발하기 쉽도록 Pojomatic[05] 라이브러리를 사용하겠다. Pojomatic은 자바 Object에 포함된 equals(Object), hashCode( ), toString( ) 메소드를 간단히 구현할 수 있도록 도와준다. 꼭 필요한 라이브러리는 아니므로 생략할 수 있다.

우선 pom.xml 파일에 의존성을 추가한다.

[pom.xml]

```
<dependency>
    <groupId>org.pojomatic</groupId>
    <artifactId>pojomatic</artifactId>
    <version>1.0</version>
</dependency>
```

Book 클래스에 AutoProperty 어노테이션을 선언하고, 다음과 같이 equals(Object), hashCode(), toString() 메소드를 구현한다.

[src/main/java/devfun/bookstore/common/domain/Book.java]

```
package devfun.bookstore.common.domain;

import java.util.Date;

import org.pojomatic.Pojomatic;
import org.pojomatic.annotations.AutoProperty;
```

05 http://www.pojomatic.org

```
@AutoProperty
public class Book {

...

   @Override
   public boolean equals(Object o) {
      return Pojomatic.equals(this, o);
   }

   @Override
   public int hashCode() {
      return Pojomatic.hashCode(this);
   }

   @Override
   public String toString() {
      return Pojomatic.toString(this);
   }
}
```

다음과 같은 간단한 코드를 Pojomatic이 적용된 상태에서 실행하면,

```
System.out.println(new Book(10L, "스칼라 프로그래밍", "케이 호스트만",
"프로그래밍 언어", new Date()).toString());
```

다음과 같이 사람이 쉽게 인식할 수 있는 형태로 출력된다.

```
Book{id: {10}, title: {스칼라 프로그래밍}, creator: {케이 호스트만}, type:
{프로그래밍 언어}, date: {Thu Aug 15 15:02:34 KST}
```

3.3.5 Mapper 구현하기

MyBatis를 이용해서 도서 정보 테이블의 데이터를 사용할 수 있도록 구성한다. 요구사항에 정의한 도서 정보 목록 조회, 도서 상세 정보 조회, 도서 정보 등록, 도서 정보 수정, 도서 정보 삭제 기능을 구현해 보자.

■ Mapper XML

Mapper XML에는 데이터베이스에서 사용하는 SQL을 정의할 수 있다. 〈mapper〉란 태그로 시작하는 xml 파일로, 〈mapper〉 태그의 속성으로 namespace를 사용할 수 있다. 이 namespace는 다음에 만들 Mapper Interface와 같은 값을 사용해야 MyBatis가 알아서 Mapper Interface와 Mapper XML을 매핑해준다.

다음과 같이 'devfun.bookstore.common.mapper.BookMapper'라는 namespace를 가진 BookMapper.xml을 생성해 보자.

[src/main/resources/devfun/bookstore/common/mapper/BookMapper.xml]

```
<?xml version="1.0" encoding="UTF-8"?>
<!DOCTYPE mapper PUBLIC "-//mybatis.org//DTD Mapper 3.0//EN" "http://
mybatis.org/dtd/mybatis-3-mapper.dtd">

<mapper namespace="devfun.bookstore.common.mapper.BookMapper">
...
</mapper>
```

SELECT(조회) SQL을 이용해서 데이터를 가져올 수 있다. 이 데이터를 자바에서 사용하려면 데이터를 담을 객체 즉 모델 클래스가 필요한데, 앞서 생성한 Book이라는 클래스를 사용하겠다. MyBatis에서는 〈resultMap〉이라는 태그를 이용해서 데이터베이스의 SELECT SQL 결과물과 자바 객체를 매핑시켜 줄 수 있다.

다음과 같이 BookMapper.xml 파일에 resultMap 태그를 추가한다. 그리고 id는 BaseResultMap으로 type은 Book 클래스로 설정하고, 테이블 컬럼명과 자바 프로퍼티명을 매핑한다.

```
<?xml version="1.0" encoding="UTF-8"?>
<!DOCTYPE mapper PUBLIC "-//mybatis.org//DTD Mapper 3.0//EN"
"http://mybatis.org/dtd/mybatis-3-mapper.dtd">
<mapper namespace="devfun.bookstore.common.mapper.BookMapper">

  <resultMap id="BaseResultMap" type="devfun.bookstore.common.domain.Book">
    <id column="ID" jdbcType="BIGINT" property="id" />
    <result column="TITLE" jdbcType="VARCHAR" property="title" />
    <result column="CREATOR" jdbcType="VARCHAR" property="creator" />
    <result column="TYPE" jdbcType="VARCHAR" property="type" />
    <result column="DATE" jdbcType="TIMESTAMP" property="date" />
  </resultMap>

</mapper>
```

'도서 정보 목록 조회'를 위한 SQL 문을 추가하자. 결과 데이터를 담기 위한 resultMap을 설정해야 하는데, 앞서 정의한 BaseResultMap을 사용한다.

```
<?xml version="1.0" encoding="UTF-8"?>
<!DOCTYPE mapper PUBLIC "-//mybatis.org//DTD Mapper 3.0//EN"
"http://mybatis.org/dtd/mybatis-3-mapper.dtd">
<mapper namespace="devfun.bookstore.common.mapper.BookMapper">

<!-- 도서 정보 목록 조회 -->
  <select id="select" resultMap="BaseResultMap">
    SELECT
      ID, TITLE, CREATOR, TYPE, DATE
    FROM BOOK
```

```
  </select>

</mapper>
```

'도서 상세 정보 조회'를 위한 SQL 문을 추가하자. '도서 상세 정보 조회'는 1건의 데이터만 조회하기 때문에 WHERE 조건절을 이용해서 ID에 해당하는 정보만 조회한다.

```
<?xml version="1.0" encoding="UTF-8"?>
<!DOCTYPE mapper PUBLIC "-//mybatis.org//DTD Mapper 3.0//EN"
"http://mybatis.org/dtd/mybatis-3-mapper.dtd">
<mapper namespace="devfun.bookstore.common.mapper.BookMapper">

<!-- 도서 정보 상세 조회 -->
  <select id="selectByPrimaryKey" parameterType="java.lang.Long"
resultMap="BaseResultMap">
    SELECT
      ID, TITLE, CREATOR, TYPE, DATE
    FROM BOOK
    WHERE ID = #{id,jdbcType=BIGINT}
  </select>

</mapper>
```

'도서 정보 등록', '도서 정보 수정', '도서 정보 삭제'를 위한 SQL 문도 다음과 같이 추가해 보자.

```
<?xml version="1.0" encoding="UTF-8"?>
<!DOCTYPE mapper PUBLIC "-//mybatis.org//DTD Mapper 3.0//EN"
"http://mybatis.org/dtd/mybatis-3-mapper.dtd">
<mapper namespace="devfun.bookstore.common.mapper.BookMapper">
```

```
<!-- 도서 정보 등록 -->
<insert id="insert" parameterType="devfun.bookstore.common.domain.Book">
  INSERT INTO BOOK (ID, TITLE, CREATOR, TYPE, DATE)
  VALUES (#{id,jdbcType=BIGINT}, #{title,jdbcType=VARCHAR},
#{creator,jdbcType=VARCHAR},
    #{type,jdbcType=VARCHAR}, #{date,jdbcType=TIMESTAMP}
    )
</insert>

<!-- 도서 정보 수정 -->
<update id="updateByPrimaryKey"
parameterType="devfun.bookstore.common.domain.Book">
  UPDATE BOOK
  SET TITLE = #{title,jdbcType=VARCHAR},
    CREATOR = #{creator,jdbcType=VARCHAR},
    TYPE = #{type,jdbcType=VARCHAR},
    DATE = #{date,jdbcType=TIMESTAMP}
  WHERE ID = #{id,jdbcType=BIGINT}
</update>

<!-- 도서 정보 삭제 -->
<delete id="deleteByPrimaryKey" parameterType="java.lang.Long">
  DELETE FROM BOOK
  WHERE ID = #{id,jdbcType=BIGINT}
</delete>

</mapper>
```

전체 코드는 다음과 같다.

[src/main/resources/devfun/bookstore/common/mapper/BookMapper.xml]

```
<?xml version="1.0" encoding="UTF-8"?>
<!DOCTYPE mapper PUBLIC "-//mybatis.org//DTD Mapper 3.0//EN"
```

```
"http://mybatis.org/dtd/mybatis-3-mapper.dtd">
<mapper namespace="devfun.bookstore.common.mapper.BookMapper">

  <resultMap id="BaseResultMap" type="devfun.bookstore.common.domain.Book">
    <id column="ID" jdbcType="BIGINT" property="id" />
    <result column="TITLE" jdbcType="VARCHAR" property="title" />
    <result column="CREATOR" jdbcType="VARCHAR" property="creator" />
    <result column="TYPE" jdbcType="VARCHAR" property="type" />
    <result column="DATE" jdbcType="TIMESTAMP" property="date" />
  </resultMap>

  <!-- 도서 정보 목록 조회 -->
  <select id="select" resultMap="BaseResultMap">
    SELECT
      ID, TITLE, CREATOR, TYPE, DATE
    FROM BOOK
  </select>

  <!-- 도서 정보 상세 조회 -->
  <select id="selectByPrimaryKey" parameterType="java.lang.Long"
resultMap="BaseResultMap">
    SELECT
      ID, TITLE, CREATOR, TYPE, DATE
    FROM BOOK
    WHERE ID = #{id,jdbcType=BIGINT}
  </select>

  <!-- 도서 정보 등록 -->
  <insert id="insert" parameterType="devfun.bookstore.common.domain.Book">
    INSERT INTO BOOK (ID, TITLE, CREATOR, TYPE, DATE)
    VALUES (#{id,jdbcType=BIGINT}, #{title,jdbcType=VARCHAR},
#{creator,jdbcType=VARCHAR},
      #{type,jdbcType=VARCHAR}, #{date,jdbcType=TIMESTAMP}
      )
```

```
  </insert>

  <!-- 도서 정보 수정 -->
  <update id="updateByPrimaryKey"
parameterType="devfun.bookstore.common.domain.Book">
    UPDATE BOOK
    SET TITLE = #{title,jdbcType=VARCHAR},
      CREATOR = #{creator,jdbcType=VARCHAR},
      TYPE = #{type,jdbcType=VARCHAR},
      DATE = #{date,jdbcType=TIMESTAMP}
    WHERE ID = #{id,jdbcType=BIGINT}
  </update>

  <!-- 도서 정보 삭제 -->
  <delete id="deleteByPrimaryKey" parameterType="java.lang.Long">
    DELETE FROM BOOK
    WHERE ID = #{id,jdbcType=BIGINT}
  </delete>

</mapper>
```

■ Mapper Interface

앞에 생성한 Mapper XML을 자바에서 사용하기 위해서는 Mapper Interface를 생성해야 한다. 인터페이스 이름(패키지명 + 클래스명)은 xml에서 선언한 namespace와 동일해야 MyBatis에서 자동으로 XML과 Interface를 매핑시킬 수 있다. xml에서 정의한 SQL 문의 id를 인터페이스 내의 메소드명으로 사용하면 메소드가 호출될 때 자동으로 해당 SQL 문이 실행된다.

다음과 같이 BookMapper 클래스를 생성한 후, 목록 조회(select), 상세 조회(selectByPrimaryKey), 등록(insert), 수정(updateByPrimaryKey), 삭제 (deleteByPrimaryKey) 메소드를 추가한다.

[src/main/java/devfun/bookstore/common/mapper/BookMapper.java]

```
package devfun.bookstore.common.mapper;

import java.util.List;
import devfun.bookstore.common.domain.Book;

public interface BookMapper {

    /**
     * 도서 정보 목록을 조회한다.
     * @return
     */
    List<Book> select();

    /**
     * 도서 상세 정보를 조회한다.
     * @param id 도서 아이디
     * @return
     */
    Book selectByPrimaryKey(Long id);

    /**
     * 도서 정보를 등록한다.
     * @param book
     * @return
     */
    int insert(Book book);

    /**
     * 도서 정보를 수정한다.
     * @param book
     * @return
     */
    int updateByPrimaryKey(Book book);
```

```
    /**
     * 도서 정보를 삭제한다.
     * @param id
     * @return
     */
    int deleteByPrimaryKey(Long id);

}
```

■ AppConfig 설정 파일에 Mapper 추가하기

애플리케이션 Mapper를 사용할 수 있도록 생성한 Mapper를 등록해야 한다. 각각의 Mapper를 Bean 형태로 선언해서 등록할 수 있지만, 개수가 많으면 번거로울 수 있다. 이럴 때 @MapperScan 어노테이션을 사용하면 대상 패키지에 있는 Mapper를 자동으로 스캔할 수 있다.

다음과 같이 @MapperScan 어노테이션을 이용해서 Mapper 인터페이스를 스캔하도록 설정한다. 설정값으로 Mapper 인터페이스가 위치한 패키명(devfun.bookstore.common.mapper)을 선언한다.

[src/main/java/devfun/bookstore/common/config/AppConfig.java]

```
@MapperScan("devfun.bookstore.common.mapper")
@Configuration
public class AppConfig {
...
}
```

트랜잭션을 관리하는 트랜잭션 관리자를 생성하고, MyBatis에서 사용하는 SqlSessionFactory를 생성한다. SqlSessionFactory를 사용해서 MyBatis의 여러 설정 사항들을 변경할 수 있다

```
@MapperScan("devfun.bookstore.common.mapper")
@Configuration
public class AppConfig {
...
    @Bean
    public PlatformTransactionManager transactionManager() {
        return new DataSourceTransactionManager(dataSource());
    }

    @Bean
    public SqlSessionFactory sqlSessionFactory() throws Exception {
        SqlSessionFactoryBean sessionFactory = new SqlSessionFactoryBean();
        sessionFactory.setDataSource(dataSource());
        return sessionFactory.getObject();
    }
...
}
```

전체 코드는 다음과 같다.

[src/main/java/devfun/bookstore/common/config/AppConfig.java]

```
package devfun.bookstore.common.config;

import javax.sql.DataSource;

import org.apache.ibatis.session.SqlSessionFactory;
import org.mybatis.spring.SqlSessionFactoryBean;
import org.mybatis.spring.annotation.MapperScan;
import org.springframework.context.annotation.Bean;
import org.springframework.context.annotation.Configuration;
import org.springframework.jdbc.datasource.DataSourceTransactionManager;
import org.springframework.jdbc.datasource.embedded.EmbeddedDatabaseBuilder;
```

```java
import org.springframework.jdbc.datasource.embedded.EmbeddedDatabaseType;
import org.springframework.transaction.PlatformTransactionManager;

@MapperScan("devfun.bookstore.common.mapper")
@Configuration
public class AppConfig {

   @Bean
   public DataSource dataSource() {
      return new EmbeddedDatabaseBuilder()
            .setName("testdb") // DB 이름 설정
            .setType(EmbeddedDatabaseType.HSQL) // DB 종류 설정
            .addScript("schema.sql") // 스키마 스크립트 추가
            .addScript("data.sql") // 데이터 스크립트 추가
            .build();
   }

   @Bean
   public PlatformTransactionManager transactionManager() {
      return new DataSourceTransactionManager(dataSource());
   }

   @Bean
   public SqlSessionFactory sqlSessionFactory() throws Exception {
      SqlSessionFactoryBean sessionFactory = new SqlSessionFactoryBean();
      sessionFactory.setDataSource(dataSource());
      return sessionFactory.getObject();
   }
}
```

■ 테스트

코드들이 정상 작동하는지 테스트해 보자. JUnit 4 버전을 사용하여 BookMapper 클래스의 테스트 케이스를 작성한다.[06]

테스트하려면 해당 기능이 정상 작동하는지 판단할 수 있어야 한다. assert 문을 사용하면 원하는 결과값을 반환하는지 조금 더 쉽게 판단할 수 있다.

[표 3-2] assert 소개

assert 문	설명
assertEquals([message], expected, actual)	두 값 또는 객체가 동일한지 판단한다.
assertTrue([message], 조건)	조건이 true 인지 판단한다.
assertFalse([message], 조건)	조건이 false 인지 판단한다.
assertNull([message], Object)	해당 객체가 null 인지 판단한다.
assertNotNull([message], Object)	해당 객체가 null 이 아닌지 판단한다.
assertSame([message], expected, actual)	두 객체가 동일한지 판단한다.
assertNotSame([message], expected, actual)	두 객체가 동일하지 않는지 판단한다.
assertArrayEquals(expectedArray, resultArray)	두 배열이 동일한지 판단한다.
fail([message])	테스트를 바로 실패 처리한다.

■ 테스트 케이스

테스트 코드는 src/test/java 폴더 하위에 작성하며, 일반적으로는 테스트 패키지를 테스트 대상이 되는 패키지와 동일한 이름으로 작성한다. 테스트 클래스명은 테스트 대상 클래스명에 접미사Postfix로 'Test'를 붙이고 테스트할 메소드에는 @Test 어노테이션을 추가한다.

스프링 기반의 테스트 케이스를 작성하기 위해서는 테스트 클래스 상단에 @RunWith(SpringJUnit4ClassRunner.class) 어노테이션을 추가해야 한다. @RunWith(SpringJUnit4ClassRunner.class) 어노테이션을 사용해야 테스트 케이스가 스

---

06 JUnit은 단위 테스트 프레임워크로 JUnit 4 버전부터 어노테이션 기반으로 테스트를 설정할 수 있다.

프링에서 설정한 Bean을 삽입Injection 받아서 사용할 수 있다.

테스트 대상 클래스들을 스프링 컨텍스트에 적재하려면 @ContextConfiguration (classes={AppConfig.class})와 같은 형태로 구성 클래스의 정보를 설정해준다.

[src/test/java/devfun/bookstore/common/mapper/BookMapperTest.java]

```
import static org.junit.Assert.*;

import java.util.Date;
import java.util.List;

import org.junit.Test;
import org.junit.runner.RunWith;
import org.slf4j.Logger;
import org.slf4j.LoggerFactory;
import org.springframework.beans.factory.annotation.Autowired;
import org.springframework.test.context.ContextConfiguration;
import org.springframework.test.context.junit4.SpringJUnit4ClassRunner;

import devfun.bookstore.common.config.AppConfig;
import devfun.bookstore.common.domain.Book;

@RunWith(SpringJUnit4ClassRunner.class)
@ContextConfiguration(classes={AppConfig.class})
public class BookMapperTest {

    Logger logger = LoggerFactory.getLogger(BookMapperTest.class);

    @Autowired BookMapper bookMapper;

    @Test
    public void testBookMapper() {
        List<Book> books = bookMapper.select();
        assertEquals(3, books.size()); // 조회 결과 3건일 경우 테스트 통과
```

```
        for (Book book : books) {
            logger.info("book={}", book);
        }

        Book newBook = new Book(10L, "스칼라 프로그래밍", "케이 호스트만", 
"프로그래밍 언어", new Date());

        bookMapper.insert(newBook);
        books = bookMapper.select();
        assertEquals(4, books.size()); // 조회 결과 4건이면 테스트 통과

        Book selectedBook = bookMapper.selectByPrimaryKey(10L);
        logger.info("i.selectedBook = {}", selectedBook);
        assertEquals(newBook, selectedBook); // 신규 등록한 책과 조회한 책이 
동일하면 테스트 통과

        assertEquals("케이 호스트만", newBook.getCreator());
        newBook.setCreator("나잘난");
        bookMapper.updateByPrimaryKey(newBook);
        selectedBook = bookMapper.selectByPrimaryKey(10L);
        logger.info("u.selectedBook = {}", selectedBook);
        assertEquals("나잘난", selectedBook.getCreator()); // 수정한 정보가 
동일하면 테스트 통과

        bookMapper.deleteByPrimaryKey(10L);
        selectedBook = bookMapper.selectByPrimaryKey(10L);
        logger.info("d.selectedBook = {}", selectedBook);
        assertNull(selectedBook); // 삭제된 책이 없으면 테스트 통과
    }
}
```

NOTE_ JUnit에서 데이터베이스 관련 작업 테스트하기

실제로 데이터베이스 관련 작업을 테스트할 때는 앞의 예제처럼 하지 않는 게 좋다. 보통 테스트는 기능 단위, 즉 메소드 단위로 테스트해야 한다. 단위별로 테스트하면 테스트의 순서에 따라 결과값이 달라질 수 있다. 테스트할 때 데이터베이스의 내용을 변경하게 되므로 기본 데이터가 달라져서 검증하기 어렵다. 이럴 때에는 JUnit의 Before 어노테이션을 사용해서 매번 실행 시 데이터를 초기화하도록 구현하거나, DbUnit[07] 같은 라이브러리의 도움을 받으면 된다.

■ 테스트 결과

메이븐을 이용해서 테스트하려면 다음과 같이 한다.

```
mvn -e test
```

이 경우 테스트 경로에 포함된 모든 테스트 케이스를 실행하게 된다. 만약 BookMapperTest라는 테스트 케이스만을 실행하고 싶다면, 다음과 같이 한다.

```
mvn -e test -Dtest=BookMapperTest
```

[출력 결과]

```
...
17:29:09.439 [main] INFO  d.b.common.mapper.BookMapperTest - book=Book{id:
{1}, title: {명예의 조각들}, creator: {로이스 맥마스터 부졸드}, type:
{외국판타지소설}, date: {Mon Aug 15 12:21:00 KST 2011}}
17:29:09.439 [main] INFO  d.b.common.mapper.BookMapperTest - book=Book{id:
{2}, title: {바라야 내전}, creator: {로이스 맥마스터 부졸드}, type:
{외국판타지소설}, date: {Mon Aug 15 12:21:00 KST 2011}}
17:29:09.439 [main] INFO  d.b.common.mapper.BookMapperTest - book=Book{id:
{3}, title: {피렌체의 여마법사}, creator: {살만 루슈디}, type: {영국문학},
```

07 http://www.dbunit.org/

```
date: {Mon Aug 15 12:21:00 KST 2011}}
...
Results :

Tests run: 1, Failures: 0, Errors: 0, Skipped: 0

[INFO] ------------------------------------------------------------------------
[INFO] BUILD SUCCESS
[INFO] ------------------------------------------------------------------------
[INFO] Total time: 2.490s
[INFO] Finished at: Mon Dec 02 17:29:10 KST 2013
[INFO] Final Memory: 6M/244M
[INFO] ------------------------------------------------------------------------
```

3.4 요약

이번 장에서는 '저장된 데이터와 관련된 일'이라고 할 수 있는 영속성 계층에 대해서 알아보았다. 이것은 애플리케이션에서 사용하는 데이터를 저장하고, 저장된 데이터를 조회하기 위한 기능이다.

데이터를 저장하기 위해 가장 많이 사용하는 것이 바로 관계형 데이터베이스인데 자바에서는 JDBC를 이용해서 데이터베이스에 접속할 수 있는 기능을 제공한다. 스프링에서도 JDBC를 이용해서 데이터를 처리하는 기능을 개발할 수 있다. 하지만 좀 더 효율적인 개발을 위해서 JDBC를 직접 이용하기보다는 MyBatis나 Hibernate 같은 ORM을 많이 사용하는데, 이 책에서는 MyBatis를 사용하였다.

4 | Business Layer

이 장에서는 비즈니스 계층이 무엇인지 알아보고, 스프링 환경에서 비즈니스 계층을 구현하는 방법을 알아본다.

4.1 비즈니스 계층이란?

비즈니스 계층은 애플리케이션에서 가장 중요한 비중을 차지하는 계층으로, 업무 로직을 구현한다.

보통 트랜잭션 처리를 비즈니스 계층에서 담당한다. 비즈니스 계층에서 데이터베이스 연결Connection 객체를 생성한 다음, 사용하려는 Mapper(DAO)를 호출하여 원하는 작업을 처리하도록 한다. 모든 작업이 정상적으로 완료되면 Commit을 실행하고, 작업 처리 중 에러가 발생하면 Rollback하는 방식으로 처리한다.

이러한 일련의 작업들을 하나의 단위로 묶어서 처리하는 것을 트랜잭션이라고 하는데, 이 작업 단위를 구분 지을 수 있는 곳이 바로 비즈니스 계층이다.

4.2 트랜잭션 관리

스프링에서는 직접 트랜잭션을 처리하지 않고, 선언적으로 트랜잭션을 관리할 수 있다. 어노테이션을 이용한 트랜잭션 관리Annotation Transaction Management와 설정 정보를 이용한 트랜잭션 관리Configurational Transaction Management를 지원한다. 여기에서는 어노테이션 설정을 이용해서 트랜잭션을 관리하는 방법에 대해서 알아보겠다.

4.2.1 AppConfig 설정 파일에 트랜잭션 관리자 추가하기

자바 기반 구성의 스프링에서 트랜잭션 관리를 하기 위해서는 설정 클래스에 @EnableTransactionManagement 어노테이션을 추가해야 한다. 그리고 트랜잭션 관리자(PlatformTransactionManager)를 명시적으로 선언하기 위해서는 TransactionManagementConfigurer 인터페이스를 상속받아 annotationDriven TransactionManager() 메소드를 구현해야 한다.

다음과 같이 AppConfig 클래스에 @EnableTransactionManagement 어노테이션을 추가한다.

[src/main/java/devfun/bookstore/common/config/AppConfig.java]

```
...
@EnableTransactionManagement
public class AppConfig {
...
}
```

TransactionManagementConfigurer 인터페이스를 상속받아 annotationDriven TransactionManager() 메소드를 구현한다. 구현 방법에는 기본적으로 두 가지가 있는데, 상속받은 메소드에 @Bean 어노테이션을 붙이느냐 안 붙이느냐에 따라 달라진다.

첫 번째는 @Bean 어노테이션을 붙여서 메소드를 구현하는 방법이다.

```
@Bean
@Override
public PlatformTransactionManager annotationDrivenTransactionManager() {
  return new DataSourceTransactionManager(dataSource());
}
```

두 번째는 @Bean 어노테이션이 붙은 다른 메소드를 호출해서 구현하는 방법이다.

```
@Bean
public PlatformTransactionManager transactionManager() {
    return new DataSourceTransactionManager(dataSource());
}

@Override
public PlatformTransactionManager annotationDrivenTransactionManager () {
    return transactionManager(); // reference the existing @Bean method above
}
```

이미 앞 장에서 TransactionManager를 생성하였으므로 두 번째 방법을 사용한다. 기존에 생성된 TransactionManager를 반환하면 된다.

전체 코드는 다음과 같다.

[src/main/java/devfun/bookstore/common/config/AppConfig.java]

```
package devfun.bookstore.common.config;

import javax.sql.DataSource;

import org.apache.ibatis.session.SqlSessionFactory;
import org.mybatis.spring.SqlSessionFactoryBean;
import org.mybatis.spring.annotation.MapperScan;
import org.springframework.context.annotation.Bean;
import org.springframework.context.annotation.Configuration;
import org.springframework.jdbc.datasource.DataSourceTransactionManager;
import org.springframework.jdbc.datasource.embedded.EmbeddedDatabaseBuilder;
import org.springframework.jdbc.datasource.embedded.EmbeddedDatabaseType;
import org.springframework.transaction.PlatformTransactionManager;
import
org.springframework.transaction.annotation.EnableTransactionManagement;
import
```

```
org.springframework.transaction.annotation.TransactionManagementConfigurer;

@EnableTransactionManagement
@MapperScan("devfun.bookstore.common.mapper")
@Configuration
public class AppConfig implements TransactionManagementConfigurer  {

   @Bean
   public DataSource dataSource() {
      return new EmbeddedDatabaseBuilder()
            .setName("testdb") // DB 이름 설정
            .setType(EmbeddedDatabaseType.HSQL) // DB 종류 설정
            .addScript("schema.sql") // 스키마 스크립트 추가
            .addScript("data.sql") // 데이터 스크립트 추가
            .build();
   }

   @Bean
   public PlatformTransactionManager transactionManager() {
      return new DataSourceTransactionManager(dataSource());
   }

   @Bean
   public SqlSessionFactory sqlSessionFactory() throws Exception {
      SqlSessionFactoryBean sessionFactory = new SqlSessionFactoryBean();
      sessionFactory.setDataSource(dataSource());
      return sessionFactory.getObject();
   }

   @Override
   public PlatformTransactionManager annotationDrivenTransactionManager () {
      return transactionManager(); // reference the existing @Bean method above
   }
}
```

트랜잭션 구성이 완료되면, @Transactional 어노테이션을 이용해서 트랜잭션을 관리할 수 있다. 보통 Service 클래스에 선언해서 사용한다.

다음 코드는 @Transactional 어노테이션을 사용한 예시다. 우선 클래스에 읽기 전용의 @Transactional 어노테이션을 선언한 다음 가져오기(getSome) 메소드에는 별도로 선언하지 않고, 수정(updateSome) 메소드에 읽기 전용 속성을 해제한 @Transactional 어노테이션을 선언한다. 이렇게 되면 가져오기 메소드는 클래스에 선언한 @Transactional 어노테이션을 따르고, 수정 메소드는 메소드에 직접 선언한 @Transactional 어노테이션을 따르게 된다.

```
import org.springframework.transaction.annotation.Propagation;
import org.springframework.transaction.annotation.Transactional;

@Transactional(readOnly = true)
public class SomeService {

   public Some getSome() {
      // do something
   }

   @Transactional(readOnly = false, propagation = Propagation.REQUIRED)
   public void updateSome(Some some) {
      // do something
   }

}
```

4.2.2 @Transactional 속성

@Transactional 어노테이션에 사용할 수 있는 속성 목록을 다음과 같다.

[표 4-1] @Transactional 어노테이션에 사용할 수 있는 속성 목록

속성	설명	예제
propagation	트랜잭션의 Propagation을 정의하는 요소다. (기본값은 Propagation.REQUIRED)	@Transactional(propagation = Propagation.REQUIRED)
isolation	트랜잭션의 Isolation Level을 정의하는 요소다. 별도로 정의하지 않으면 데이터베이스의 Isolation Level을 따른다. (기본값은 Isolation.DEFAULT)	@Transactional(isolation = Isolation.DEFAULT)
timeout	지정한 시간 내에 해당 작업 수행을 완료하지 못하면 Rollback을 수행한다. -1이면 시간제한이 없다. (기본값은 -1)	@Transactional(timeout = 10)
readOnly	트랜잭션을 읽기 전용 모드로 사용한다. (기본값은 false)	@Transactional(readOnly = true)
rollbackFor	정의한 Exception이 발생할 경우 Rollback을 수행한다.	@Transactional(rollbackFor = {SomeException.class})
rollbackFor ClassName	Class 객체가 아닌 문자열을 이용하여 Rollback을 수행할 Exception을 정의한다.	@Transactional(rollbackFor ClassName = {"SomeException"})
noRollbackFor	정의한 Exception에 관해서는 Rollback을 수행하지 않는다.	@Transactional(noRollbackFor = {SomeException.class})
noRollbackFor ClassName	Class 객체가 아닌 문자열을 이용하여 Rollback을 수행하지 않는 Exception을 정의한다.	@Transactional(noRollbackFor ClassName={"SomeException"})

4.2.3 Propagation Behavior / Isolation Level

트랜잭션 관리에 사용하는 Propagation Behavior와 Isolation Level에 대해 좀 더 자세히 알아보도록 하자.

■ 트랜잭션 전파 규칙Propagation Behavior

보통 트랜잭션 영역 내에서 실행하는 모든 코드는 해당 트랜잭션 내에서 실행된다. 만약 트랜잭션이 이미 존재하는 상황에서 트랜잭션적인 메소드가 실행되는 상황을 대비하여 그 동작을 지정하는 다음과 같은 몇 가지 속성들이 있다.

[표 4-2] 전파 규칙 속성

속성	예제
REQUIRED	기존 트랜잭션이 있을 때는 기존 트랜잭션 내에서 실행하고, 기존 트랜잭션이 없을 때는 새로운 트랜잭션을 생성하여 실행한다.
SUPPORTS	새로운 트랜잭션이 필요하지는 않지만, 기존 트랜잭션이 있으면 해당 트랜잭션 내에서 메소드를 실행한다.
MANDATORY	반드시 트랜잭션 내에서 메소드가 실행되어야 한다. 만약 트랜잭션이 없다면 예외를 발생시킨다
REQUIRES_NEW	새로운 트랜잭션을 생성하여 실행한다. 기존의 트랜잭션이 있으면 기존 트랜잭션을 잠시 보류한다.
NOT_SUPPORTED	트랜잭션 없이 메소드를 실행하고, 기존 트랜잭션이 있으면 트랜잭션을 잠시 보류한다.
NEVER	MANDATORY와는 반대로 트랜잭션 없이 실행되어야 한다. 만약 트랜잭션이 있다면 예외를 발생시킨다.
NESTED	트랜잭션이 있으면 기존 트랜잭션 내의 nested 트랜잭션 행태로 메소드를 실행한다. 자체적으로 Commit, Rollback이 가능하다. 트랜잭션이 없으면 REQUIRED 속성으로 실행한다.

■ 트랜잭션 격리 수준 Isolation Level

트랜잭션 격리 수준은 트랜잭션 간의 간섭으로부터 보호되는 정도를 나타낸다. 격리 수준이 높을수록 실행되는 트랜잭션 간의 간섭 정도가 작고, 트랜잭션이 직렬적 Serializable 으로 실행된다는 의미다. 반면에 격리 수준이 낮을수록 트랜잭션 간의 간섭 정도가 크고, 트랜잭션이 병렬적으로 실행되어 동시성이 커진다는 의미다. 이럴 경우 데이터의 일관성은 떨어지게 된다. 이러한 격리 수준을 나타내는 다음과 같은 몇 가지 속성들이 있다.

[표 4-3] 격리 수준 속성

속성	예제
DEFAULT	사용하는 데이터베이스에 의해 결정된다.
READ_UNCOMMITTED	다른 트랜잭션이 Commit하지 않은 데이터를 읽을 수 있다. (Dirty Read) 잠금/해제가 일어나지 않으므로 데이터의 일관성을 보장하지 않는다.
READ_COMMITTED	반드시 트랜잭션 내에서 메소드가 실행되어야 한다. 만약 트랜잭션이 없다면 예외를 발생시킨다
REPEATABLE_READ	다른 트랜잭션이 Commit하지 않은 데이터를 읽을 수 없다. 한 트랙잭션 내에서 동일 객체를 여러 번 조회할 때 다른 값을 읽을 수 있다. (Non-Repeatable Read) 대부분의 데이터베이스에서 기본으로 지원하는 격리 수준이다.
NOT_SUPPORTED	다른 트랜잭션이 Commit하지 않은 데이터를 읽을 수 없다. 한 트랜잭션 내에서 동일 객체를 여러 번 조회할 때 항상 같은 값을 읽는 것을 보장한다. (Repeatable Read)
SERIALIZABLE	가장 높은 격리 수준으로, 어떠한 간섭도 허용하지 않는다. 잠금/해제로 인한 비용이 많이 들지만 신뢰할 만한 격리 수준을 제공한다.

4.3 Service 구현하기

업무 로직을 구현하기 위해서 서비스Service 클래스를 만든다. 트랜잭션 선언과 사용한 Mapper(DAO)를 선언한다. 서비스 인터페이스와 서비스 구현 클래스는 한 쌍으로 만들기도 하고, 서비스 클래스만 만들기도 한다. 상황과 관점에 따라 다르므로 어느 방법을 사용해도 무관하다. 여기서는 번거롭지만 인터페이스와 구현체 둘 다 만들도록 한다.

4.3.1 디렉터리 구조

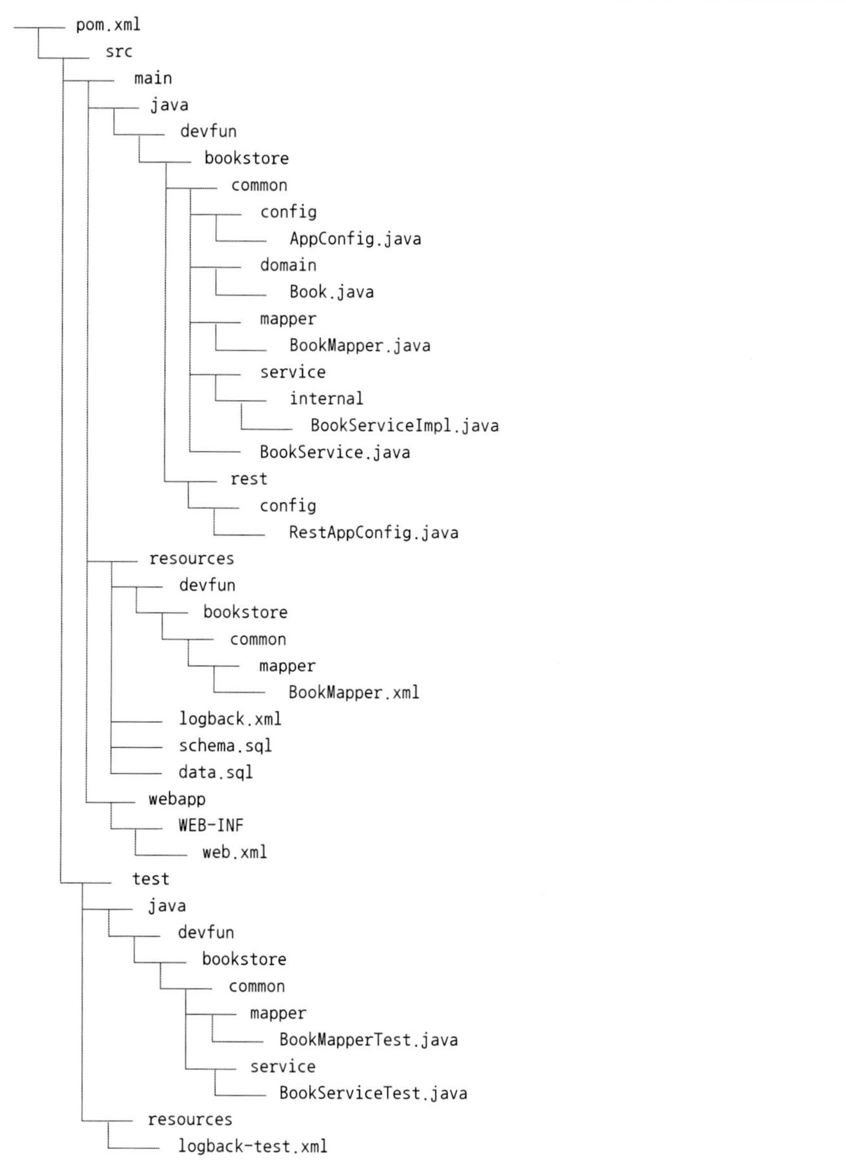
pom.xml
src
main
java
devfun
bookstore
common
config
AppConfig.java
domain
Book.java
mapper
BookMapper.java
service
internal
BookServiceImpl.java
BookService.java
rest
config
RestAppConfig.java
resources
devfun
bookstore
common
mapper
BookMapper.xml
logback.xml
schema.sql
data.sql
webapp
WEB-INF
web.xml
test
java
devfun
bookstore
common
mapper
BookMapperTest.java
service
BookServiceTest.java
resources
logback-test.xml

4.3.2 BookService 인터페이스 생성하기

서비스 인터페이스를 만들어 보자. 앞서 정의한 요구사항을 만족할 도서 정보 목록 조회, 도서 정보 상세 조회, 도서 정보 등록/수정/삭제를 추상 메소드로 선언한다.

[src/main/java/devfun/bookstore/common/service/BookService.java]

```java
package devfun.bookstore.common.service;

import java.util.List;
import devfun.bookstore.common.domain.Book;

public interface BookService {

    /**
     * 도서 정보 목록을 조회한다.
     * @return
     */
    List<Book> getBooks();

    /**
     * 도서 상세 정보를 조회한다.
     * @param id
     * @return
     */
    Book getBook(Long id);

    /**
     * 도서 정보를 등록한다.
     * @param book
     * @return
     */
    int createBook(Book book);


    /**
```

```
     * 도서 정보를 수정한다.
     * @param book
     * @return
     */
    int updateBook(Book book);

    /**
     * 도서 정보를 삭제한다.
     * @param id
     * @return
     */
    int deleteBook(Long id);
}
```

4.3.3 BookServiceImpl 클래스 생성하기

서비스 클래스임을 스프링에 알려주기 위해서 @Service 어노테이션을 클래스에 추가한다. 어노테이션 기반의 트랜잭션 관리를 위해서 클래스에 @Transactional 어노테이션도 추가한다. 클래스에 @Transactional 어노테이션을 사용할 때 해당 클래스 내의 메소드는 클래스에 선언한 @Transactional 어노테이션을 따르게 된다. 메소드별로 따로 구현하려면 메소드에 @Transactional 어노테이션을 추가하면 된다.

서비스 클래스에 읽기 전용은 @Transactional(readOnly = true) 어노테이션을 추가하고, 등록/수정/삭제 메소드에는 트랜잭션을 사용하도록 @Transactional (readOnly = false, propagation = Propagation.REQUIRED)을 추가한다.

[src/main/java/devfun/bookstore/common/service/internal/BookServiceImpl.java]

```
package devfun.bookstore.common.service.internal;

import java.util.List;

import org.springframework.beans.factory.annotation.Autowired;
import org.springframework.stereotype.Service;
import org.springframework.transaction.annotation.Propagation;
import org.springframework.transaction.annotation.Transactional;

import devfun.bookstore.common.domain.Book;
import devfun.bookstore.common.mapper.BookMapper;
import devfun.bookstore.common.service.BookService;

@Service
@Transactional(readOnly = true)
public class BookServiceImpl implements BookService {

  @Autowired BookMapper bookMapper;

  @Override
  public List<Book> getBooks() {
    return bookMapper.select();
  }

  @Override
  public Book getBook(Long id) {
    return bookMapper.selectByPrimaryKey(id);
  }

  @Override
  @Transactional(readOnly = false, propagation = Propagation.REQUIRED)
  public int createBook(Book book) {
    return bookMapper.insert(book);
```

```
    }

    @Override
    @Transactional(readOnly = false, propagation = Propagation.REQUIRED)
    public int updateBook(Book book) {
       return bookMapper.updateByPrimaryKey(book);
    }

    @Override
    @Transactional(readOnly = false, propagation = Propagation.REQUIRED)
    public int deleteBook(Long id) {
       return bookMapper.deleteByPrimaryKey(id);
    }
}
```

4.3.4 AppConfig 설정 파일에 Service 추가하기

생성한 서비스 클래스를 사용하려면 구성 클래스에 추가해야 한다. 각각의 Service를 Bean 형태로 선언해서 등록할 수 있지만, 번거로울 수 있으므로 @ComponentScan 어노테이션을 이용해서 스캔하도록 한다.

다음과 같이 AppConfig 클래스에 @ComponentScan 어노테이션을 준다. 스캔 대상이 되는 기본 패키지를 devfun.bookstore.common.service로 선언하고, 필터(@Filter)를 사용해서 Service 클래스만 스캔한다.

[src/main/java/devfun/bookstore/common/config/AppConfig.java]

```
@ComponentScan(basePackages = {"devfun.bookstore.common.service"},
useDefaultFilters = false, includeFilters = {@Filter(Service.class)})
public class AppConfig implements TransactionManagementConfigurer  {
...
}
```

전체 코드는 다음과 같다.

[src/main/java/devfun/bookstore/common/config/AppConfig.java]

```
@EnableTransactionManagement
@MapperScan("devfun.bookstore.common.mapper")
@ComponentScan(basePackages = {"devfun.bookstore.common.service"},
useDefaultFilters = false, includeFilters = {@Filter(Service.class)})
@Configuration
public class AppConfig implements TransactionManagementConfigurer  {

   @Bean
   public DataSource dataSource() {
      return new EmbeddedDatabaseBuilder()
            .setName("testdb") // DB 이름 설정
            .setType(EmbeddedDatabaseType.HSQL) // DB 종류 설정
            .addScript("schema.sql") // 스키마 스크립트 추가
            .addScript("data.sql") // 데이터 스크립트 추가
            .build();
   }

   @Bean
   public PlatformTransactionManager transactionManager() {
      return new DataSourceTransactionManager(dataSource());
   }

   @Bean
   public SqlSessionFactory sqlSessionFactory() throws Exception {
      SqlSessionFactoryBean sessionFactory = new SqlSessionFactoryBean();
      sessionFactory.setDataSource(dataSource());
      return sessionFactory.getObject();
   }

   @Override
   public PlatformTransactionManager annotationDrivenTransactionManager () {
```

```
        return transactionManager(); // reference the existing @Bean method above
    }
}
```

4.3.5 테스트

■ 테스트 케이스

별도의 업무 로직 없이 단순히 Mapper를 호출하고 있지만 시험삼아 테스트해 보자.

앞서 Mapper를 테스트할 때 한 개의 메소드에서 목록 조회와 상세 조회, 등록, 수정, 삭제를 모두 테스트하였다. 바람직하지 않은 방법이지만, 기본 데이터를 초기화하는 부분까지 설명하기에는 범위가 너무 넓어서 생략한 것이다. 하지만 Service를 테스트할 때는 더 간단한 방법으로 기능 단위별 테스트가 가능하다. 바로 앞서 배운 @Transactional 어노테이션을 사용하면 된다. @Transactional 어노테이션을 이용해서 한 개의 메소드를 테스트한 다음 Rollback하면, 테스트 이전 상태의 데이터로 돌아가게 된다. 물론 트랜잭션 전파 규칙 같은 것에 의해서 미묘한 뒤틀림이 발생할 수 있으므로 모든 경우에 다 사용할 수 없지만, 간단히 사용하기에는 좋다.

참고로, 스프링의 테스트 컨텍스트에서 트랜잭션은 TransactionalTestExecutionListener가 관리하는데 테스트 클래스에 명시적으로 @TestExecutionListeners({TransactionalTestExecutionListener.class})라고 선언하지 않아도 기본적으로 설정된다. 하지만 트랜잭션 기능을 활성화하려면 @TransactionConfiguration 어노테이션을 이용해서 PlatformTransactionManager를 설정해야 한다. 그리고 @Transactional 어노테이션을 클래스나 메소드에 추가하면 된다.

다음과 같이 테스트 클래스에 @TransactionConfiguration 어노테이션과 @Transactional 어노테이션을 추가해준다. @TransactionConfiguration 어노

테이션은 transactionManager와 defaultRollback 여부를 설정할 수 있다.

[src/test/java/devfun/bookstore/common/service/BookServiceTest.java]

```
@RunWith(SpringJUnit4ClassRunner.class)
@ContextConfiguration(classes={AppConfig.class})
@TransactionConfiguration(transactionManager = "transactionManager",
defaultRollback = true)
@Transactional
public class BookServiceTest {
...
}
```

테스트 메소드에 @Rollback 어노테이션을 추가해서 메소드별로 Rollback 여부를 설정할 수 있다.

```
@Test
@Rollback(true)
public void testCreateBook() {
...
}
```

전체 코드는 다음과 같다.

[src/test/java/devfun/bookstore/common/service/BookServiceTest.java]

```
package devfun.bookstore.common.service;

import static org.junit.Assert.assertEquals;
import static org.junit.Assert.assertNotNull;
import static org.junit.Assert.assertNull;

import java.util.Date;
```

```java
import java.util.List;

import org.junit.Test;
import org.junit.runner.RunWith;
import org.slf4j.Logger;
import org.slf4j.LoggerFactory;
import org.springframework.beans.factory.annotation.Autowired;
import org.springframework.test.annotation.Rollback;
import org.springframework.test.context.ContextConfiguration;
import org.springframework.test.context.junit4.SpringJUnit4ClassRunner;
import org.springframework.test.context.transaction.TransactionConfiguration;
import org.springframework.transaction.annotation.Transactional;

import devfun.bookstore.common.config.AppConfig;
import devfun.bookstore.common.domain.Book;

@RunWith(SpringJUnit4ClassRunner.class)
@ContextConfiguration(classes={AppConfig.class})
@TransactionConfiguration(transactionManager = "transactionManager",
defaultRollback = true)
@Transactional
public class BookServiceTest {

   Logger logger = LoggerFactory.getLogger(BookServiceTest.class);

   @Autowired BookService bookService;

   @Test
   public void testGetBooks() {
      List<Book> books = bookService.getBooks();
      assertEquals(3, books.size()); // 조회 결과 3건이면 테스트 통과

      for (Book book : books) {
         logger.info("book={}", book);
      }
```

```
    }

    @Test
    public void testGetBook() {
        Book selectedBook = bookService.getBook(1L);
        assertNotNull("아이디가 1번인 도서 정보를 가져올 수 없습니다.",
selectedBook);
        assertEquals("명예의 조각들", selectedBook.getTitle());
        assertEquals("로이스 맥마스터 부졸드", selectedBook.getCreator());
    }

    @Test
    @Rollback(true)
    public void testCreateBook() {
        Book selectedBook = bookService.getBook(10L);
        assertNull("아이디가 10번인 도서 정보가 이미 존재합니다.", selectedBook);

        Book newBook = new Book(10L, "스칼라 프로그래밍", "케이 호스트만",
"프로그래밍 언어", new Date());
        bookService.createBook(newBook);

        selectedBook = bookService.getBook(10L);
        assertNotNull("아이디가 10번인 도서 정보를 가져올 수 없습니다.",
selectedBook);

        assertEquals("스칼라 프로그래밍", selectedBook.getTitle());
        assertEquals("케이 호스트만", selectedBook.getCreator());
    }

    @Test
    public void testUpdateBook() {
        Book selectedBook = bookService.getBook(3L);
        assertNotNull("아이디가 3번인 도서 정보를 가져올 수 없습니다.",
selectedBook);
        assertEquals("피렌체의 여마법사", selectedBook.getTitle());
```

```
        assertEquals("살만 루슈디", selectedBook.getCreator());

        Book updateBook = new Book(3L, "어스시의 마법사", "어슐러 K. 르귄",
"판타지소설", new Date());
        bookService.updateBook(updateBook);

        selectedBook = bookService.getBook(3L);
        assertEquals("어스시의 마법사", selectedBook.getTitle());
        assertEquals("어슐러 K. 르귄", selectedBook.getCreator());
    }

    @Test
    public void testDeleteBook() {
        Book selectedBook = bookService.getBook(3L);
        assertNotNull("아이디가 3번인 도서 정보를 가져올 수 없습니다.",
selectedBook);

        bookService.deleteBook(3L);

        selectedBook = bookService.getBook(3L);
        assertNull("아이디가 3번인 도서 정보가 삭제되지 않았습니다.",
selectedBook);
    }

}
```

■ 테스트 케이스

다음과 같이 BookServiceTest 클래스를 테스트해 보자.

```
mvn -e test -Dtest=BookServiceTest
```

[출력 결과]

```
...
11:05:45.154 [main] INFO  b.common.service.BookServiceTest - book=Book{id:
{1}, title: {명예의 조각들}, creator: {로이스 맥마스터 부졸드}, type:
{외국판타지소설}, date: {Mon Aug 15 12:21:00 KST 2011}}
11:05:45.154 [main] INFO  b.common.service.BookServiceTest - book=Book{id:
{2}, title: {바라야 내전}, creator: {로이스 맥마스터 부졸드}, type:
{외국판타지소설}, date: {Mon Aug 15 12:21:00 KST 2011}}
11:05:45.155 [main] INFO  b.common.service.BookServiceTest - book=Book{id:
{3}, title: {피렌체의 여마법사}, creator: {살만 루슈디}, type: {영국문학},
date: {Mon Aug 15 12:21:00 KST 2011}}
11:05:45.162 [main] INFO  b.common.service.BookServiceTest - i.selectedBook =
Book{id: {10}, title: {스칼라 프로그래밍}, creator: {케이 호스트만}, type:
{프로그래밍 언어}, date: {Fri Aug 23 15:14:45 KST 2013}}
11:05:45.167 [main] INFO  b.common.service.BookServiceTest - u.selectedBook =
Book{id: {10}, title: {스칼라 프로그래밍}, creator: {나잘난}, type: {프로그래밍
언어}, date: {Fri Aug 23 15:14:45 KST 2013}}
11:05:45.169 [main] INFO  b.common.service.BookServiceTest - d.selectedBook =
null
...
Results :

Tests run: 1, Failures: 0, Errors: 0, Skipped: 0

[INFO] ------------------------------------------------------------------------
[INFO] BUILD SUCCESS
[INFO] ------------------------------------------------------------------------
[INFO] Total time: 3.328s
[INFO] Finished at: Tue Dec 03 11:05:47 KST 2013
[INFO] Final Memory: 10M/244M
[INFO] ------------------------------------------------------------------------
```

4.4 요약

이번 장에서는 업무 로직과 관련된 일을 하는 비즈니스 계층에 대해서 간단히 살펴보고, 트랜잭션에 필요한 내용을 알아보았다. 또한 도서 정보 목록 조회, 상세 조회, 등록/수정/삭제 업무를 처리하는 서비스 클래스를 직접 구현해 보고, @Transactional 어노테이션을 이용한 선언적 트랜잭션 관리 방법과 트랜잭션 관리에 사용하는 Propagation Behaviour와 Isolation Level에 대해서도 알아보았다.

다음 장에서는 표현을 담당하는 Presentation Layer에 대해서 알아보도록 한다.

5 | Presentation Layer

5.1 표현 계층이란?

표현 계층Presentation Layer이란 말 그대로 보여주는 부분이다. 예를 들어 웹 애플리케이션에서 사용자가 보는 웹 페이지를 말한다. REST 서비스라면 JSON이나 xml 형식의 문서가 될 수 있다. 스프링에서는 웹 MVC 를 이용하여 쉽게 표현 계층을 구현할 수 있다.

5.2 ModelAndView와 HTTPMessageConverter

스프링 프레임워크를 이용한 REST 서비스 생성 방법은 크게 두 가지로 나눌 수 있다. MVC의 ModelAndView를 사용하는 방법과 HTTPMessageConverter를 사용하는 방법이다. 우선 두 가지 방법에 대해서 간단히 소개하고, HTTPMessage Converter를 이용해서 REST 서비스를 구현하겠다.

5.2.1 ModelAndView

ModelAndView를 사용하는 방법은 기존의 웹 애플리케이션 개발과 거의 동일하다. 주소(URL) 요청 형식을 REST처럼 바꾸고, 응답을 출력해 주는 View를 상황에 맞게 사용하면 된다.

다음 예제는 사용자의 요청을 받은 다음, jsonView를 통해 응답을 출력하는 코드다.

```
@RequestMapping(value = "/{id}", method = RequestMethod.GET)
public String getBooks(Model model, @PathVariable("id") Long id) {
    Book book = bookService.getBook(id);
    model.addAttribute("book", book);
    return "jsonView";
}
```

결과 데이터를 model 인스턴스에 저장한 후 View 이름을 반환하는 형식이다. 스프링 컨텍스트에 등록된 jsonView를 찾아서 Model 인스턴스를 넘겨준 후 View에 의해서 응답을 출력하게 된다.

5.2.2 HTTPMessageConverter

HTTPMessageConverter는 자바 객체와 HTTP 요청/응답 몸체Body를 변환하는 역할을 한다. HTTP 요청과 응답은 문자열 기반으로 이루어진다. 이는 클라이언트와 서버가 문자열로 서로 통신을 한다는 뜻이다. 스프링은 이런 문자열을 자바 객체로 변환해주는 기능을 제공하는데, 그 기능을 하는 것이 HttpMessageConverter다.

스프링은 일반적인 요구 사항을 충족할 수 있는 몇 가지 HTTPMessageConverter 구현체를 제공한다. HttpMessageConverter 구현체들은 다음과 같다.

[표 5-1] HttpMessageConverter 구현체

이름	설명
StringHttpMessageConverter	문자열을 읽고 쓴다. 기본적으로는 text/* 미디어 타입을 지원하고, text/plain 이라는 컨텐트 타입(Content-Type)으로 쓴다.
FormHttpMessageConverter	양식(Form) 데이터를 처리한다. 물론 파일 업로드 값은 멀티파트 폼 데이터도 처리할 수 있다. application/x-www-from-urlencoded 라는 미디어 타입을 지원한다.
MarshallingHttpMessageConverter	스프링의 Marshaller/Unmashaller를 이용하여 XML 데이터를 읽고 쓴다. application/xml이라는 미디어 타입을 지원한다.
MappingJackson2HttpMessage Converter	Jackson을 이용하여 JSON 데이터를 읽고 쓴다. application/json이라는 미디어 타입을 지원한다.
AtomFeedHttpMessageConverter	ROME을 이용하여 ATOM 피드를 읽고 쓴다. application/atom+xml이라는 미디어 타입을 지원한다.
RssChannelHttpMessageConverter	ROME을 이용하여 RSS 피드를 읽고 쓴다. application/rss+xml 이라는 미디어 타입을 지원한다.

스프링에서는 HTTPMessageConverter를 사용하기 위해서 @RequestBody 어노테이션과 @ResponseBody 어노테이션을 제공한다. @RequestBody 어노테

이션은 HTTP 요청 몸체를 자바 객체로 변환하는 데 사용되고, @ResponseBody 어노테이션은 자바 객체를 HTTP 응답 몸체로 변환하는 데 사용된다.

다음 예제는 @ResponseBody 어노테이션을 이용하여 응답 결과를 출력하는 코드다.

```
@RequestMapping(value = "/{id}", method = RequestMethod.GET)
@ResponseBody
public Book getBook(@PathVariable("id") Long id) {
   Book book = bookService.getBook(id);
   return book;
}
```

이전의 ModelAndView 방식과는 다르게 결과 데이터를 직접 반환한다. 그 대신 @ResponseBody 어노테이션을 추가해서 결과 데이터를 HTTPMessageConverter가 처리하도록 한다. 즉, HTTPMessageConverter에 의해 결과 데이터가 요청 형식(예: JSON)으로 변환되어 출력된다.

다음과 같이 @ResponseBody 어노테이션을 사용하지 않고, ResponseEntity〈T〉 클래스를 사용할 수도 있다. 이 경우는 HttpHeaders 클래스를 이용해서 응답 헤더 값도 추가할 수 있다.

```
@RequestMapping(value = "/{id}", method = RequestMethod.GET)
public ResponseEntity<Book> getBook(@PathVariable("id") Long id) {
   Book book = bookService.getBook(id);
   HttpHeaders responseHeaders = new HttpHeaders();
   responseHeaders.add("Content-Type", "application/json; charset=UTF-8");
   return new ResponseEntity<Book>(book, responseHeaders, HttpStatus.OK);
}
```

5.3 URI Template

URI Template은 하나 또는 두 개 이상의 변수를 가지는 URI처럼 생긴 문자열을 의미한다.

일반적인 웹 애플리케이션에서는 웹 페이지를 호출할 때 변수를 쿼리[Query] 파라미터로 전달한다. 즉, URI 경로 뒤에 '?변수명=변수값'이라는 형태로 전달하게 된다. 이 경우 HttpServletRequest 클래스를 사용해서 변수를 가져올 수 있다. 그런데 REST API는 URI 경로를 사용해서 자원[Resource]을 나타내고, 포워드 슬래시(/)로 경로 구문을 나누는 방법을 사용한다. 즉, URI 경로 안에 변수가 들어가게 되는데 이것을 URI Template이라고 부른다. 물론 이 경우에도 HttpServletRequest 클래스를 사용해서 경로 값을 가져온 다음 가공을 거쳐서 변수값을 가져올 수 있겠지만, 상당히 번거롭다.

스프링에서는 @PathVariable 어노테이션을 이용해서 URI 경로에 있는 변수를 가져올 수 있도록 도와준다.

다음은 @PathVariable 어노테이션을 이용한 요청 처리다.

```
@RequestMapping(value = "/{id}", method = RequestMethod.GET)
@ResponseBody
public Book getBook(@PathVariable("id") Long id) {
   Book book = bookService.getBook(id);
   return book;
}
```

'/book/1'이라는 요청이 들어오면 'id'' 라는 매개변수로 '1'이라는 값을 받아올 수 있다. 물론 다음과 같이 두 개 이상의 변수를 처리할 수 있고, 변수명도 다르게 줄 수 있다.

```
@RequestMapping(value = "/books/{book}/authors/{author}", method =
RequestMethod.GET)
  public String getAuthor(Model model, @PathVariable("book") String bookId,
      @PathVariable("author") long authorId) {
    Book book = bookService.getBook(bookId);
    Author author = book.getAuthor(authorId);
    model.addAttribute("author", author);
    return "author";
  }
```

또한 Ant 스타일의 경로를 사용할 수도 있다.

```
@RequestMapping(value = "/books/*/authors/{authorId}", method =
RequestMethod.GET)
public String getAuthor(Model model, @PathVariable long authorId) {
  ...
}
```

그리고 변수를 특정 클래스로 바인딩해주는 데이터 바인더도 사용할 수 있다.

```
public void initBinder(WebDataBinder binder) {
  SimpleDateFormat dateFormat = new SimpleDateFormat("yyyy-MM-dd");
  binder.registerCustomEditor(Date.class, new CustomDateEditor(dateFormat,
false));
  }

@RequestMapping("/books/{bookId}/reviews/{date}")
public void date(Model model, @PathVariable String bookId, @PathVariable Date
date) {

  }
```

만약 '/books/1/reviews/2013-07-19'라는 요청을 받으면, '2013-07-19'라는 문자열을 Date 타입으로 변환해서 바인딩해 준다.

5.4 Controller 구현하기

우선 간단한 컨트롤러 클래스를 만들어 보자. 애플리케이션에서 컨트롤러를 사용하기 위해서 RestAppConfig 클래스를 수정한다.

5.4.1 디렉터리 구조

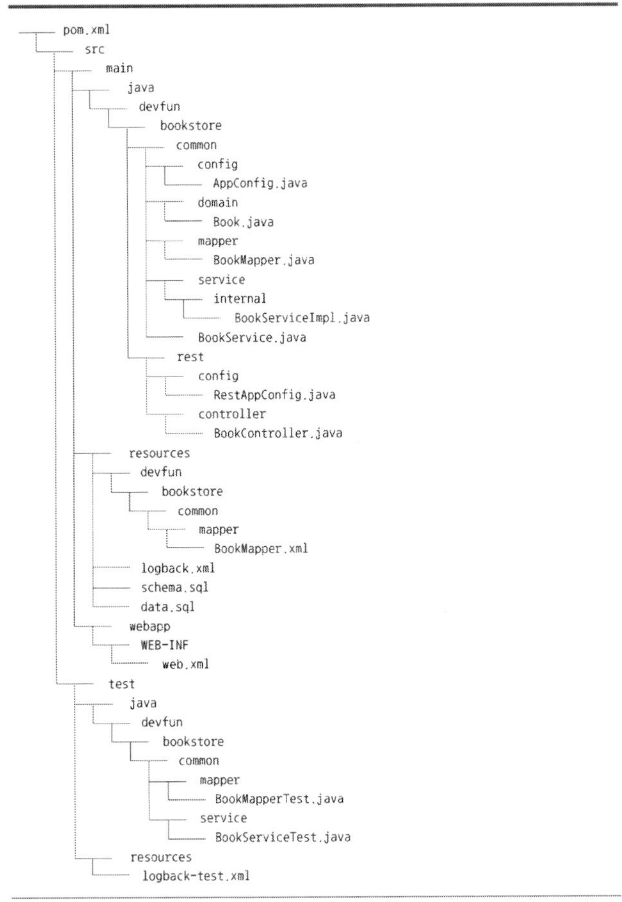

5.4.2 BookController

BookController 클래스가 컨트롤러 클래스라는 것을 스프링에 알려주기 위해서 @Controller 어노테이션을 클래스에 추가한다. 그리고 요청 주소를 매핑하기 위해서 @RequestMapping 어노테이션도 추가한다. @RequestMapping 어노테이션은 요청 정보와 컨트롤러를 매핑하는 역할을 한다. 사용자의 요청 정보를 분석하여 일치하는 컨트롤러 클래스 또는 메소드를 찾게 도와준다. 요청 주소의 값은 '/books'를 사용한다.

```
@Controller
@RequestMapping(value = "/books")
public class BookController {
...
}
```

도서 상세 정보를 조회할 수 있는 메소드를 추가한다. @ResponseBody 어노테이션을 추가하고, 간단하게 문자열로 결과값을 반환하게 작성한다.

```
@RequestMapping(value = "/{id}", method = RequestMethod.GET)
@ResponseBody
public String getBook(@PathVariable("id") Long id) {
   Book book = bookService.getBook(id);
   return String.format("결과값은 %s 입니다", String.valueOf(book));
}
```

전체 코드는 다음과 같다.

[src/main/java/devfun/bookstore/rest/controller/BookController.java]

```
package devfun.bookstore.rest.controller;
```

```
import org.springframework.beans.factory.annotation.Autowired;
import org.springframework.stereotype.Controller;
import org.springframework.ui.Model;
import org.springframework.web.bind.annotation.PathVariable;
import org.springframework.web.bind.annotation.RequestMapping;
import org.springframework.web.bind.annotation.RequestMethod;
import org.springframework.web.bind.annotation.ResponseBody;
import devfun.bookstore.common.domain.Book;

import devfun.bookstore.common.service.BookService;

@Controller
@RequestMapping(value = "/books")
public class BookController {

   @Autowired BookService bookService;

   @RequestMapping(value = "/{id}", method = RequestMethod.GET)
   @ResponseBody
   public String getBook(@PathVariable("id") Long id) {
      Book book = bookService.getBook(id);
      return String.format("결과값은 %s 입니다", String.valueOf(book));
   }
}
```

5.4.3 RestAppConfig 설정 파일에 Controller 추가하기

생성한 컨트롤러 클래스를 사용하려면 구성 클래스에 추가해야 한다. 각각의Controller를 Bean 형태로 선언해서 등록할 수 있지만, 번거로울 수 있으므로 @ComponentScan 어노테이션을 이용해서 스캔하도록 한다.

다음과 같이 RestAppConfig 클래스에 @ComponentScan 어노테이션을 추가한다. 스캔 대상이 되는 기본 패키지를 devfun.bookstore.rest.controller로 선언하고, 필터(@Filter)를 사용해서 Controller 클래스만 스캔한다. 그리고 Spring Web MVC 기능을 사용하기 위해 @EnableWebMvc 어노테이션도 추가한다.

[src/main/java/devfun/bookstore/rest/config/RestAppConfig.java]

```
@EnableWebMvc
@ComponentScan(basePackages = {"devfun.bookstore.rest.controller"},
useDefaultFilters = false, includeFilters = {@Filter(Controller.class)})
public class RestAppConfig {
...
}
```

전체 코드는 다음과 같다.

[src/main/java/devfun/bookstore/rest/config/RestAppConfig.java]

```
package devfun.bookstore.rest.config;

import org.springframework.context.annotation.ComponentScan;
import org.springframework.context.annotation.ComponentScan.Filter;
import org.springframework.context.annotation.Configuration;
import org.springframework.stereotype.Controller;
import org.springframework.web.servlet.config.annotation.EnableWebMvc;

@Configuration
@EnableWebMvc
@ComponentScan(basePackages = {"devfun.bookstore.rest.controller"},
useDefaultFilters = false, includeFilters = {@Filter(Controller.class)})
public class RestAppConfig {
}
```

5.4.4 테스트

Controller 클래스를 테스트해 보자. JUnit 상에서 MockMvc를 이용해서 테스트한다. Mapper나 Service 클래스와는 달리 Controller 클래스는 WAS[Web Application Server] 상에서 작동한다. 그래서 jetty나 tomcat 같은 서버에 디플로이한 후, 직접 주소를 호출하여 테스트해야 한다. 이러한 불편함을 해소하기 위해서 MockMvc를 사용한다. MockMvc는 별도의 서버 없이 모조품Mock을 만들어서 Controller를 쉽게 테스트할 수 있도록 도와준다.

■ 테스트 케이스

MockMvc를 이용해서 테스트하므로 테스트 클래스 상단에 테스트할 대상이 웹 애플리케이션임을 알려주는 @WebAppConfiguration 어노테이션을 추가해야 한다. 그리고 @ContextConfiguration 어노테이션을 이용해 두 개의 구성 클래스 파일(AppConfig.class, RestAppConfig.class)을 추가한다.

[src/test/java/devfun/bookstore/rest/controller/BookControllerTest.java]

```
@RunWith(SpringJUnit4ClassRunner.class)
@WebAppConfiguration
@ContextConfiguration(classes = { AppConfig.class, RestAppConfig.class })
public class BookControllerTest {
...
}
```

테스트 케이스가 실행되기 전에 MockMvc를 생성해야 한다. initMockMvc() 메소드에 @Before 어노테이션을 붙인 다음 MockMvcBuilders 클래스를 이용해 MockMvc를 생성한다.

[src/test/java/devfun/bookstore/rest/controller/BookControllerTest.java]

```
@Before
public void initMockMvc() {
   CharacterEncodingFilter filter = new CharacterEncodingFilter();
   filter.setEncoding("UTF-8");
   filter.setForceEncoding(true);
```

```
    mockMvc = MockMvcBuilders.standaloneSetup(bookController).addFilter(filter)
  .build();
  }
```

한글 처리를 위해 CharacterEncodingFilter도 추가한다.

BookController 클래스에 있는 book 메소드(도서 상세 정보 조회)를 테스트하는 코드를 추가하자.

[src/test/java/devfun/bookstore/rest/controller/BookControllerTest.java]

```
@Test
public void testBook() throws Exception {
    MockHttpServletRequestBuilder requestBuilder
        = MockMvcRequestBuilders
            .get("/books/1")
            .accept(MediaType.valueOf("text/plain;charset=UTF-8"));
    this.mockMvc.perform(requestBuilder).andDo(print())
            .andExpect(status().isOk());
}
```

MockMvcRequestBuilders 클래스를 이용해서 요청을 생성할 수 있고, 앞서 생성한 mockMvc 인스턴스를 통해서 실행할 수 있다. 여기서는 결과값을 화면에 출력하고 응답 코드만 검사하도록 구현한다.

NOTE_ MockMvc에 대해 더 자세항 정보를 알고 싶다면

http://static.springsource.org/spring/docs/3.2.x/spring-framework-reference/html/testing.html#spring-mvc-test-framework를 참고하기 바란다.

전체 코드는 다음과 같다.

[src/test/java/devfun/bookstore/rest/controller/BookControllerTest.java]

```
package devfun.bookstore.rest.controller;

import static
org.springframework.test.web.servlet.result.MockMvcResultHandlers.print;
import static
org.springframework.test.web.servlet.result.MockMvcResultMatchers.status;

import org.junit.Before;
import org.junit.Test;
import org.junit.runner.RunWith;
import org.slf4j.Logger;
import org.slf4j.LoggerFactory;
import org.springframework.beans.factory.annotation.Autowired;
import org.springframework.http.MediaType;
import org.springframework.test.context.ContextConfiguration;
import org.springframework.test.context.junit4.SpringJUnit4ClassRunner;
import org.springframework.test.context.web.WebAppConfiguration;
import org.springframework.test.web.servlet.MockMvc;
import
org.springframework.test.web.servlet.request.MockHttpServletRequestBuilder;
import org.springframework.test.web.servlet.request.MockMvcRequestBuilders;
import org.springframework.test.web.servlet.setup.MockMvcBuilders;
import org.springframework.web.filter.CharacterEncodingFilter;

import devfun.bookstore.common.config.AppConfig;
import devfun.bookstore.rest.config.RestAppConfig;

@RunWith(SpringJUnit4ClassRunner.class)
@WebAppConfiguration
@ContextConfiguration(classes = { AppConfig.class, RestAppConfig.class })
public class BookControllerTest {

  Logger logger = LoggerFactory.getLogger(BookControllerTest.class);
```

```
    private MockMvc mockMvc;

    @Autowired
    BookController bookController;

    @Before
    public void initMockMvc() {
        CharacterEncodingFilter filter = new CharacterEncodingFilter();
        filter.setEncoding("UTF-8");
        filter.setForceEncoding(true);
        mockMvc = MockMvcBuilders.standaloneSetup(bookController).addFilter(filt
er).build();
    }

    @Test
    public void testBook() throws Exception {
        MockHttpServletRequestBuilder requestBuilder
            = MockMvcRequestBuilders
                .get("/books/1")
                .accept(MediaType.valueOf("text/plain;charset=UTF-8"));
        this.mockMvc.perform(requestBuilder).andDo(print())
.andExpect(status().isOk());
    }
}
```

■ 테스트 결과

```
...
15:32:47.368 [main] DEBUG o.s.t.w.s.TestDispatcherServlet - Null ModelAndView
returned to DispatcherServlet with name '': assuming HandlerAdapter completed
request handling
15:32:47.368 [main] DEBUG o.s.t.w.s.TestDispatcherServlet - Successfully
completed request
```

```
MockHttpServletRequest:
          HTTP Method = GET
          Request URI = /books/1
           Parameters = {}
              Headers = {Accept=[text/plain;charset=UTF-8]}

              Handler:
                 Type = devfun.bookstore.rest.controller.BookController
               Method = public java.lang.String devfun.bookstore.rest.contro
ller.BookController.getBook(org.springframework.ui.Model,java.lang.Long)

   Resolved Exception:
                 Type = null

         ModelAndView:
            View name = null
                 View = null
                Model = null

             FlashMap:

MockHttpServletResponse:
               Status = 200
        Error message = null
              Headers = {Content-Type=[text/plain;charset=UTF-8], Content-
Length=[181]}
         Content type = text/plain;charset=UTF-8
                 Body = 결과값은 Book{id: {1}, title: {명예의 조각들},
creator: {로이스 맥마스터 부졸드}, type: {외국판타지소설}, date: {Mon Aug 15
12:21:00 KST 2011}} 입니다
        Forwarded URL = null
       Redirected URL = null
              Cookies = []
...
```

5.5 JSON

JSONJavaScript Object Notation은 경량의 데이터 교환 형식으로, JavaScript에서 숫자와 배열 등을 만드는 형식을 빌려서 이것을 다른 언어에서도 사용할 수 있도록 만든 텍스트 형식이다. 이것은 사람이 읽고 쓰기가 쉬우며, 기계가 분석하고 생성하기도 쉽다. 그래서 REST 서비스를 만들 때 JSON 형식을 많이 사용한다

스프링에서 제공하는 MappingJackson2HttpMessageConverter를 사용해서 JSON 형식으로 데이터는 교환하는 REST 서비스를 만들어보도록 하겠다.

5.5.1 MappingJackson2HttpMessageConverter

MappingJackson2HttpMessageConverter는 내부적으로 'Jackson'이라는 JSON 라이브러리를 사용한다. Jackson[01] 라이브러리는 세 가지 특징이 있는데 다음과 같다.

- Stream API: 스트림 형식으로 데이터를 분석하고 생성하기 때문에 성능이 좋다.
- Tree Model: XML의 DOM처럼 Node 형태로 데이터를 다룰 수 있기 때문에 유연성이 좋다.
- Data Binding: POJO 기반의 자바 객체들을 JSON으로 변환시켜 준다.

5.5.2 POM 파일 의존성 추가하기

프로젝트에서 MappingJackson2HttpMessageConverter를 사용하기 위한 라이브러리를 추가한다. MappingJackson2HttpMessageConverter는 스프링에 포함되어 있지만, 내부적으로 Jackson이라는 JSON 라이브러리를 사용한다. 그래서 Jackson 라이브러리 의존성을 추가해야 한다.

다음과 같이 jackson-core와 Jackson-databind를 의존성에 추가한다.

---

01 http://wiki.fasterxml.com/JacksonHome

[pom.xml]

```
<properties>
  ...
    <version.jackson>2.2.3</version.jackson>
  ...
  </properties>

  <dependencies>
    ...
    <!-- Jackson -->
    <dependency>
      <groupId>com.fasterxml.jackson.core</groupId>
      <artifactId>jackson-core</artifactId>
      <version>${version.jackson}</version>
    </dependency>
    <dependency>
      <groupId>com.fasterxml.jackson.core</groupId>
      <artifactId>jackson-databind</artifactId>
      <version>${version.jackson}</version>
    </dependency>
    ...
  </dependencies>
```

그리고 테스트 편의를 위해 json-path와 hamcrest 라이브러리도 추가한다.

```
<dependencies>
    ...
    <!-- hamcrest -->
    <dependency>
      <groupId>org.hamcrest</groupId>
      <artifactId>hamcrest-library</artifactId>
```

```
        <version>1.3</version>
        <scope>test</scope>
    </dependency>

    <!-- Json-path -->
    <dependency>
        <groupId>com.jayway.jsonpath</groupId>
        <artifactId>json-path</artifactId>
        <version>0.9.1</version>
        <scope>test</scope>
    </dependency>
    ...
</dependencies>
```

hamcrest는 jMock이라는 Mock 라이브러리 개발자들이 참여해서 만든 Matcher 라이브러리로, 값을 비교할 때 좀 더 편하게 사용할 수 있도록 도와준다. 테스트 표현식을 작성할 때 프로그래밍 언어보다는 사람들이 이해할 수 있는 문장에 가까운 느낌이 들고, 테스트를 좀 더 간편하게 만들 수 있도록 도와준다.

다음과 같이 JUnit에서는 assertEquals 대신에 assertThat을 사용해서 Matcher 구문을 사용할 수 있다.

```
// 적용 전
assertEquals("바라야 내전", book.getTitle());
// 적용 후
aseertThat(book.getTitle(), is("바라야 내전"));

// 적용 전
assertNotNull(book);
// 적용 후
assertThat(book, is(notNullValue()));
```

```
// 적용 전
assertTrue(book.getCreator().indexOf("로이스") > -1);
// 적용 후
asertThat(book.getCreator(), containsString("로이스"));
```

5.5.3 BookController 수정하기

앞서 생성한 BookController 클래스를 수정해 보자. 도서 정보 목록 조회와 도서 정보 상세 조회 기능을 추가한다. 조회 기능이기 때문에 GET 방식의 요청을 처리하게 매핑하고, MappingJackson2HttpMessageConverter를 사용해서 자바 클래스를 HTTP 응답 몸체로 변환해 주므로 부담 없이 Book 클래스를 반환하도록 구성한다.

```
@RequestMapping(method = RequestMethod.GET)
@ResponseBody
public List<Book> getBooks() {
  List<Book> books = bookService.getBooks();
  return books;
}

@RequestMapping(value = "/{id}", method = RequestMethod.GET)
@ResponseBody
public Book getBook(@PathVariable("id") Long id) {
  Book book = bookService.getBook(id);
  return book;
}
```

도서 정보 등록 기능을 추가해 보자. 등록이기 때문에 POST 방식의 요청을 처리하게 매핑한다. 그리고 @RequestBody 어노테이션을 이용해서 요청 몸체, 즉 JSON 형식의 데이터를 자바 객체로 자동변환하게 한다. 응답 상태는 @ResponseStatus

어노테이션을 사용해서 CREATED로 설정하고, 응답 몸체는 등록한 도서 정보를 사용하게 한다.

```
@RequestMapping(method = RequestMethod.POST)
@ResponseStatus(HttpStatus.CREATED)
@ResponseBody
public Book createBook(@RequestBody Book book) {
  bookService.createBook(book);
  Book selectedBook = bookService.getBook(book.getId());
  return selectedBook;
}
```

도서 정보 등록과 비슷한 방법으로, 도서 정보 수정은 PUT 메소드로, 도서 정보 삭제는 DELETE 메소드로 기능을 추가해 보자.

```
@RequestMapping(value = "/{id}", method = RequestMethod.PUT)
@ResponseStatus(HttpStatus.OK)
@ResponseBody
public Book updateBook(@PathVariable("id") Long id, @RequestBody Book book) {
  bookService.updateBook(book);
  Book selectedBook = bookService.getBook(book.getId());
  return selectedBook;
}

@RequestMapping(value = "/{id}", method = RequestMethod.DELETE)
@ResponseStatus(HttpStatus.OK)
@ResponseBody
public Book deleteBook(@PathVariable("id") Long id) {
  bookService.deleteBook(id);
  Book deletedBook = new Book();
  deletedBook.setId(id);
```

```
    return deletedBook;
  }
```

전체 코드는 다음과 같다.

[src/main/java/devfun/bookstore/rest/controller/BookController.java]

```
package devfun.bookstore.rest.controller;

import java.util.List;

import org.springframework.beans.factory.annotation.Autowired;
import org.springframework.http.HttpStatus;
import org.springframework.stereotype.Controller;
import org.springframework.web.bind.annotation.PathVariable;
import org.springframework.web.bind.annotation.RequestBody;
import org.springframework.web.bind.annotation.RequestMapping;
import org.springframework.web.bind.annotation.RequestMethod;
import org.springframework.web.bind.annotation.ResponseBody;
import org.springframework.web.bind.annotation.ResponseStatus;

import devfun.bookstore.common.domain.Book;
import devfun.bookstore.common.service.BookService;

@Controller
@RequestMapping(value = "/books")
public class BookController {

  @Autowired
  BookService bookService;

  @RequestMapping(method = RequestMethod.GET)
  @ResponseBody
  public List<Book> getBooks() {
    List<Book> books = bookService.getBooks();
```

```
        return books;
    }

    @RequestMapping(value = "/{id}", method = RequestMethod.GET)
    @ResponseBody
    public Book getBook(@PathVariable("id") Long id) {
        Book book = bookService.getBook(id);
        return book;
    }

    @RequestMapping(method = RequestMethod.POST)
    @ResponseStatus(HttpStatus.CREATED)
    @ResponseBody
    public Book createBook(@RequestBody Book book) {
        bookService.createBook(book);
        Book selectedBook = bookService.getBook(book.getId());
        return selectedBook;
    }

    @RequestMapping(value = "/{id}", method = RequestMethod.PUT)
    @ResponseStatus(HttpStatus.OK)
    @ResponseBody
    public Book updateBook(@PathVariable("id") Long id, @RequestBody Book book)
{
        bookService.updateBook(book);
        Book selectedBook = bookService.getBook(book.getId());
        return selectedBook;
    }

    @RequestMapping(value = "/{id}", method = RequestMethod.DELETE)
    @ResponseStatus(HttpStatus.OK)
    @ResponseBody
    public Book deleteBook(@PathVariable("id") Long id) {
        bookService.deleteBook(id);
```

```java
        Book deletedBook = new Book();
        deletedBook.setId(id);
        return deletedBook;
    }
}
```

5.5.4 RestAppConfig 설정 파일에 MappingJackson2HttpMessageConverter 추가하기

MappingJackson2HttpMessageConverter를 사용하기 위해서는 WebMvc 설정 부분을 변경해야 한다. 자바 설정 파일을 사용하려면 @EnableWebMvc 어노테이션을 추가한 후 WebMvcConfigurer 인터페이스나 WebMvcConfigurerAdapter 클래스를 상속받아 필요한 설정 부분을 구성하면 된다.

앞서 생성한 RestAppConfig 클래스에 WebMvcConfigurerAdapter를 상속받도록 하자.

[src/main/java/devfun/bookstore/rest/config/RestAppConfig.java]

```java
public class RestAppConfig extends WebMvcConfigurerAdapter {
...
}
```

새로운 HttpMessageConverter를 추가하려면 WebMvcConfigurerAdapter 클래스의 configureMessageConverters(List<HttpMessageConverter<?>> converters) 메소드를 사용한다. configureMessageConverters(List<HttpMessageConverter<?>> converters) 메소드를 오버라이드한 후 converters를 이용해 생성한 MappingJackson2HttpMessageConverter를 추가한다.

[src/main/java/devfun/bookstore/rest/config/RestAppConfig.java]

```java
@Override
```

```
public void configureMessageConverters(
        List<HttpMessageConverter<?>> converters) {
  converters.add(mappingJacksonHttpMessageConverter());
}

@Bean
public MappingJackson2HttpMessageConverter mappingJacksonHttpMessageConvert
er() {
      MappingJackson2HttpMessageConverter converter = new MappingJackson2HttpM
essageConverter();
  return converter;
}
```

전체 코드는 다음과 같다.

[src/main/java/devfun/bookstore/rest/config/RestAppConfig.java]

```
package devfun.bookstore.rest.config;

import java.util.List;

import org.springframework.context.annotation.Bean;
import org.springframework.context.annotation.ComponentScan;
import org.springframework.context.annotation.ComponentScan.Filter;
import org.springframework.context.annotation.Configuration;
import org.springframework.http.converter.HttpMessageConverter;
import
org.springframework.http.converter.json.MappingJackson2HttpMessageConverter;
import org.springframework.stereotype.Controller;
import org.springframework.web.servlet.config.annotation.EnableWebMvc;
import
org.springframework.web.servlet.config.annotation.WebMvcConfigurerAdapter;

@Configuration
```

```
@EnableWebMvc
@ComponentScan(basePackages = { "devfun.bookstore.rest.controller" },
useDefaultFilters = false, includeFilters = { @Filter(Controller.class) })
public class RestAppConfig extends WebMvcConfigurerAdapter {

  @Override
  public void configureMessageConverters(
        List<HttpMessageConverter<?>> converters) {
    converters.add(mappingJacksonHttpMessageConverter());
  }

  @Bean
  public MappingJackson2HttpMessageConverter mappingJacksonHttpMessageConvert
er() {
    MappingJackson2HttpMessageConverter converter = new MappingJackson2HttpM
essageConverter();
    return converter;
  }
}
```

5.5.5 테스트

■ 테스트 케이스

JSON 형식으로 결과값을 반환하는 도서 정보 목록 조회 서비스를 테스트해보자. JSON 형식의 데이터를 테스트할 때는 jsonPath를 이용하면 결과값을 더 쉽게 테스트할 수 있다. JSON을 직접 파싱할 필요없이, jsonPath[02] 형식으로 필요한 Object 나 Element의 값을 간단하게 비교할 수 있다.

다음은 jsonPath를 이용한 예이다.

02 http://goessner.net/articles/JsonPath/

```
@Test
public void testGetBooks() throws Exception {
      MockHttpServletRequestBuilder requestBuilder
         = MockMvcRequestBuilders
            .get("/books")
            .accept(MediaType.APPLICATION_JSON);

      this.mockMvc.perform(requestBuilder).andDo(print())
         .andExpect(status().isOk())
         .andExpect(content().contentTypeCompatibleWith(MediaType.APPLICATION_
JSON))
         .andExpect(jsonPath("$", Matchers.hasSize(3)))
         .andExpect(jsonPath("$[0].id", is(1)))
         .andExpect(jsonPath("$[0].title", is("명예의 조각들")))
         .andExpect(jsonPath("$[0].creator", is("로이스 맥마스터 부졸드")))
         .andExpect(jsonPath("$[1].id", is(2)))
         .andExpect(jsonPath("$[1].title", is("바라야 내전")))
         .andExpect(jsonPath("$[1].creator", is("로이스 맥마스터 부졸드")));
   }
```

데이터를 등록하거나 수정할 때는 JSON 형식으로 보내야 한다. Jackson의 Object Mapper를 이용하면 자바를 JSON 형식으로 변환할 수 있다.

다음은 자바 객체를 JSON 형식으로 변환 후 데이터를 보내는 예다.

```
@Test
public void testUpdateBook() throws Exception {

      Book updateBook = new Book(3L, "어스시의 마법사", "어슐러 K. 르귄",
"판타지소설", new Date());
      // Java 2 Json
      ObjectMapper mapper = new ObjectMapper();
```

```
        String content = mapper.writeValueAsString(updateBook);
        logger.debug("content = {}", content);

        MockHttpServletRequestBuilder requestBuilder
            = MockMvcRequestBuilders
                .put("/books/3").contentType(MediaType.APPLICATION_JSON).content(c
ontent)
                .accept(MediaType.APPLICATION_JSON);

        this.mockMvc.perform(requestBuilder).andDo(print())
                .andExpect(status().isOk())
                .andExpect(content().contentTypeCompatibleWith(MediaType.APPLICATI
ON_JSON))
                .andExpect(jsonPath("$.id", is(3)))
                .andExpect(jsonPath("$.title", is("어스시의 마법사")))
                .andExpect(jsonPath("$.creator", is("어슐러 K. 르귄")));
    }
```

참고로 HTTP 요청을 만들 때 contentType을 반드시 지정해야 한다.

전체 코드는 다음과 같다.

[src/test/java/devfun/bookstore/rest/controller/BookControllerAsJsonTest.java]

```
package devfun.bookstore.rest.controller;

import static org.hamcrest.Matchers.is;
import static
org.springframework.test.web.servlet.result.MockMvcResultHandlers.print;
import static
org.springframework.test.web.servlet.result.MockMvcResultMatchers.content;
import static
org.springframework.test.web.servlet.result.MockMvcResultMatchers.jsonPath;
```

```
import static
org.springframework.test.web.servlet.result.MockMvcResultMatchers.status;

import java.util.Date;

import org.hamcrest.Matchers;
import org.junit.Before;
import org.junit.Test;
import org.junit.runner.RunWith;
import org.slf4j.Logger;
import org.slf4j.LoggerFactory;
import org.springframework.beans.factory.annotation.Autowired;
import org.springframework.http.MediaType;
import org.springframework.test.context.ContextConfiguration;
import org.springframework.test.context.junit4.SpringJUnit4ClassRunner;
import org.springframework.test.context.web.WebAppConfiguration;
import org.springframework.test.web.servlet.MockMvc;
import
org.springframework.test.web.servlet.request.MockHttpServletRequestBuilder;
import org.springframework.test.web.servlet.request.MockMvcRequestBuilders;
import org.springframework.test.web.servlet.setup.MockMvcBuilders;
import org.springframework.web.filter.CharacterEncodingFilter;

import com.fasterxml.jackson.databind.ObjectMapper;

import devfun.bookstore.common.config.AppConfig;
import devfun.bookstore.common.domain.Book;
import devfun.bookstore.rest.config.RestAppConfig;

@RunWith(SpringJUnit4ClassRunner.class)
@WebAppConfiguration
@ContextConfiguration(classes = { AppConfig.class, RestAppConfig.class })
public class BookControllerAsJsonTest {

  Logger logger = LoggerFactory.getLogger(BookControllerAsJsonTest.class);
```

```
    private MockMvc mockMvc;

    @Autowired
    BookController bookController;

    @Before
    public void initMockMvc() {
        CharacterEncodingFilter filter = new CharacterEncodingFilter();
        filter.setEncoding("UTF-8");
        filter.setForceEncoding(true);
        mockMvc = MockMvcBuilders.standaloneSetup(bookController)
                .addFilter(filter).build();
    }

    @Test
    public void testGetBooks() throws Exception {
        MockHttpServletRequestBuilder requestBuilder
            = MockMvcRequestBuilders
                .get("/books")
                .accept(MediaType.APPLICATION_JSON);

        this.mockMvc.perform(requestBuilder).andDo(print())
            .andExpect(status().isOk())
            .andExpect(content().contentTypeCompatibleWith(MediaType.APPLICATION_
JSON))
            .andExpect(jsonPath("$", Matchers.hasSize(3)))
            .andExpect(jsonPath("$[0].id", is(1)))
            .andExpect(jsonPath("$[0].title", is("명예의 조각들")))
            .andExpect(jsonPath("$[0].creator", is("로이스 맥마스터 부졸드")))
            .andExpect(jsonPath("$[1].id", is(2)))
            .andExpect(jsonPath("$[1].title", is("바라야 내전")))
            .andExpect(jsonPath("$[1].creator", is("로이스 맥마스터 부졸드")));
    }
```

```
    @Test
    public void testGetBook() throws Exception {
        MockHttpServletRequestBuilder requestBuilder
            = MockMvcRequestBuilders
                .get("/books/2")
                .accept(MediaType.APPLICATION_JSON);

        this.mockMvc.perform(requestBuilder).andDo(print())
                .andExpect(status().isOk())
                .andExpect(content().contentTypeCompatibleWith(MediaType.APPLICATI
ON_JSON))
                .andExpect(jsonPath("$.id", is(2)))
                .andExpect(jsonPath("$.title", is("바라야 내전")))
                .andExpect(jsonPath("$.creator", is("로이스 맥마스터 부졸드")));

    }

    @Test
    public void testCreateBook() throws Exception {
        String content = "{\"id\":100,\"title\":\"바라야
내전\",\"creator\":\"로이스 맥마스터
부졸드\",\"type\":\"외국판타지소설\",\"date\":1313378460000}";

        MockHttpServletRequestBuilder requestBuilder
            = MockMvcRequestBuilders
                .post("/books").contentType(MediaType.APPLICATION_JSON).content(co
ntent)
                .accept(MediaType.APPLICATION_JSON);

        this.mockMvc.perform(requestBuilder).andDo(print())
                .andExpect(status().isCreated())
                .andExpect(content().contentTypeCompatibleWith(MediaType.APPLICATI
ON_JSON));
    }
```

```
    @Test
    public void testUpdateBook() throws Exception {

        Book updateBook = new Book(3L, "어스시의 마법사", "어슐러 K. 르귄",
"판타지소설", new Date());

        // Java 2 Json
        ObjectMapper mapper = new ObjectMapper();
        String content = mapper.writeValueAsString(updateBook);
        logger.debug("content = {}", content);

        MockHttpServletRequestBuilder requestBuilder
            = MockMvcRequestBuilders
                .put("/books/3").contentType(MediaType.APPLICATION_JSON).content(c
ontent)
                .accept(MediaType.APPLICATION_JSON);

        this.mockMvc.perform(requestBuilder).andDo(print())
                .andExpect(status().isOk())
                .andExpect(content().contentTypeCompatibleWith(MediaType.APPLICATI
ON_JSON))
                .andExpect(jsonPath("$.id", is(3)))
                .andExpect(jsonPath("$.title", is("어스시의 마법사")))
                .andExpect(jsonPath("$.creator", is("어슐러 K. 르귄")));
    }

    @Test
    public void testDeleteBook() throws Exception {
        MockHttpServletRequestBuilder requestBuilder
        = MockMvcRequestBuilders
            .delete("/books/3")
            .accept(MediaType.APPLICATION_JSON);

        this.mockMvc.perform(requestBuilder).andDo(print())
                .andExpect(status().isOk())
```

```
            .andExpect(content().contentTypeCompatibleWith(MediaType.APPLICATI
ON_JSON))
            .andExpect(jsonPath("$.id", is(3)));
    }

}
```

■ 테스트 결과

```
...
MockHttpServletRequest:
        HTTP Method = POST
        Request URI = /books
         Parameters = {}
            Headers = {Content-Type=[application/json;charset=UTF-8],
Accept=[application/json]}

            Handler:
                Type = devfun.bookstore.rest.controller.BookController
             Method = public devfun.bookstore.common.domain.Book devfun.bookst
ore.rest.controller.BookController.createBook(devfun.bookstore.common.domain.
Book)

Resolved Exception:
                Type = null

      ModelAndView:
          View name = null
                View = null
              Model = null

          FlashMap:
```

```
MockHttpServletResponse:
           Status = 201
    Error message = null
          Headers = {Content-Type=[application/json;charset=UTF-8]}
     Content type = application/json;charset=UTF-8
             Body = {"id":100,"title":"바라야 내전","creator":"로이스 
맥마스터 부졸드","type":"외국판타지소설","date":1313378460000}
    Forwarded URL = null
   Redirected URL = null
          Cookies = []
...
```

5.6 XML

XML^Extensible Markup Language^은 전자적으로 데이터를 교환하기 위한 표준이다. 1998년 2월 W3C^World Wide Web Consortium^에서 기존에 인터넷에서 사용하던 HTML의 한계를 극복하고, SGML의 복잡함을 해결하는 방안으로 XML 1.0 표준을 발표하였다. XML은 웹상에서 구조화된 문서를 전송할 수 있도록 설계된 표준화된 텍스트 형식의 마크업 언어로, SGML의 Subset이며 SGML보다 훨씬 간결하고 인터넷에서 바로 사용 가능한 문서를 표현하는 표준이다.

따라서 XML은 데이터의 모호함을 방지하고, 데이터 내의 고유한 구조를 표현하기 위해 텍스트 기반 방식과 태그 기반 접근 방식을 사용하므로 고도로 구조화된 DB 기록과 비정형 문서까지 처리할 수 있는 유연성과 확장성의 메커니즘을 제공한다. XML은 데이터를 이용하여 사용자가 나타내려는 내용을 효과적으로 표현할 수 있는 인터넷 표준이다.

이 절에서는 스프링에서 제공하는 MarshallingHttpMessageConverter를 사용하여 XML 형식으로 데이터를 교환하는 REST 서비스를 만들도록 하겠다.

5.6.1 MarshallingHttpMessageConverter

MarshallingHttpMessageConverter는 스프링 OXM을 이용해서 객체와 XML 간의 상호 변환 작업을 한다.

■ Spring OXM

스프링 OXM[Object Xml Mapping]은 XML 문서를 객체로 변환거나, 객체를 XML 문서로 변환하는 기능을 제공한다. 객체를 XML로 변환하는 과정은 XML Marshalling 이라고 부른다. 스프링 OXM은 간편한 설정만으로 Castor, JAXB, JiBX, XmlBeans, XStream 같은 XML Marshalling 기술들을 사용할 수 있다. 그리고 Marshaller/Unmarshaller라는 두 개의 인터페이스로 동작하기 때문에 Object-Xml Mapping 프레임워크를 설정만으로 쉽게 변경할 수 있다.

스프링 OXM에서 Marshaller와 Unmarshaller 인터페이스는 구분되어 있지만, 실제 스프링에서 제공하는 구현체들은 하나의 클래스에서 두 개의 인터페이스 모두를 구현하고 있다. 그래서 구현 클래스 하나만 등록하면 Marshaller와 Unmarshaller 모두 사용할 수 있다.

[표 5-2] 스프링 OXM 구현체

이름	구현체	참고
Castor	CastorMarshaller	http://www.castor.org/
JAXB	Jaxb2Marshaller	http://jaxb.java.net/
JiBX	JibxMarshaller	http://jibx.sourceforge.net/
XmlBeans	XmlBeansMarshaller	http://xmlbeans.apache.org/
XStream	XStreamMarsahller	http://xstream.codehaus.org/

5.6.2 POM 파일 의존성 추가하기

프로젝트에서 MarshallingHttpMessageConverter를 사용하기 위한 라이브러리를 추가한다. MappingJackson2HttpMessageConverter는 스프링에 포함되

어 있지만, 내부적으로 사용하는 Spring OXM은 별도로 추가해야 한다.

다음과 같이 spring-oxm을 의존성에 추가한다.

[pom.xml]

```
<dependency>
    <groupId>org.springframework</groupId>
    <artifactId>spring-oxm</artifactId>
    <version>${version.spring}</version>
</dependency>
```

Spring OXM에서 사용할 XML Marshaller/Unmarshaller로 JAXB를 사용한다. JAXB는 JDK 6에 포함되어 있으므로 별도로 라이브러리를 추가할 필요가 없다.

5.6.3 BookController 변경

기존에 생성한 JSON 형식의 BookController를 거의 그대로 사용할 수 있다. 다만 JAXB에서는 List<E> 형태의 객체를 XML로 변환할 수 없으므로 도서 정보 목록을 가져오는 부분만 수정한다. JSON과는 다르게 XML은 Root Element가 필요하다. 그래서 BookList라는 클래스를 생성해서 사용한다.

우선 BookController 클래스의 getBooks() 메소드를 다음과 같이 변경한다.

```
@RequestMapping(method = RequestMethod.GET)
@ResponseBody
public BookList getBooks() {
  List<Book> books = bookService.getBooks();
  return new BookList(books);
}
```

그리고 도서 정보 목록을 담을 BookList 클래스를 다음과 같이 만든다.

[/src/main/java/devfun/bookstore/rest/domain/BookList.java]

```
package devfun.bookstore.rest.domain;

import java.util.List;

import javax.xml.bind.annotation.XmlElement;
import javax.xml.bind.annotation.XmlRootElement;

import devfun.bookstore.common.domain.Book;

@XmlRootElement(name = "books")
public class BookList {

   private List<Book> books;

   public BookList() {
   }

   public BookList(List<Book> books) {
      setBooks(books);
   }

   @XmlElement(name = "book")
   public List<Book> getBooks() {
      return books;
   }

   public void setBooks(List<Book> books) {
      this.books = books;
   }

}
```

@XmlRootElement 어노테이션과 @XmlElement 어노테이션은 자바 객체에서 XML 또는 XML에서 자바 객체로 변환시킬 때 필요한 정보를 설정할 수 있도록 한다.

Book 클래스도 XML 변환을 위해서 @XmlRootElement 어노테이션을 추가한다.

[/src/main/java/devfun/bookstore/common/domain/Book.java]

```
@XmlRootElement(name = "book")
@XmlType(propOrder = {"id", "title", "creator", "type", "date"})
public class Book {
...
}
```

다음은 자주 사용되는 XML 관련 어노테이션이다.

[표 5-3] XML 어노테이션

어노테이션	설명
@XmlRootElement	XML의 Root Element 명을 정의한다.
@XmlElement	XML의 Element 명을 정의한다.
@XmlType	XML 스키마 이름과 namespace를 정의한다. propOrder 속성을 이용해서 XML 표현 시 요소들의 표현 순서를 정의한다.
@XmlElementWrapper	다른 XML 요소들을 감싸는 역할을 한다. List 같은 컬렉션 객체들을 XML 변환할 때 사용할 수 있다.

5.6.4 RestAppConfig 설정 파일에 MarshallingHttpMessageConverter 추가하기

XML 처리를 위한 JAXB Marshaller/Unmarshaller를 추가한다.

```
@Bean
public Jaxb2Marshaller jaxb2Marshaller() {
    Jaxb2Marshaller marshaller = new Jaxb2Marshaller();
```

```
    marshaller.setPackagesToScan(new String[] {
            "devfun.bookstore.common.domain",
            "devfun.bookstore.rest.domain" });
    return marshaller;
  }
```

MarshallingHttpMessageConverter를 추가하고, 앞서 생성한 JAXB Marshaller를 등록한다.

```
  @Bean
  public MarshallingHttpMessageConverter marshallingHttpMessageConverter() {
    MarshallingHttpMessageConverter converter = new MarshallingHttpMessageConve
rter();
    converter.setMarshaller(jaxb2Marshaller());
    converter.setUnmarshaller(jaxb2Marshaller());
    return converter;
  }
```

마지막으로 configureMessageConverters(List<HttpMessageConverter<?>> converters)를 이용해 생성한 MarshallingHttpMessageConverter를 등록하면 된다.

```
  @Override
  public void configureMessageConverters(
          List<HttpMessageConverter<?>> converters) {
    converters.add(marshallingHttpMessageConverter());
  }
```

전체 코드는 다음과 같다.

[src/main/java/devfun/bookstore/rest/config/RestAppConfig.java]

```
package devfun.bookstore.rest.config;

import java.util.List;

import org.springframework.context.annotation.Bean;
import org.springframework.context.annotation.ComponentScan;
import org.springframework.context.annotation.ComponentScan.Filter;
import org.springframework.context.annotation.Configuration;
import org.springframework.http.converter.HttpMessageConverter;
import
org.springframework.http.converter.json.MappingJackson2HttpMessageConverter;
import
org.springframework.http.converter.xml.MarshallingHttpMessageConverter;
import org.springframework.oxm.jaxb.Jaxb2Marshaller;
import org.springframework.stereotype.Controller;
import org.springframework.web.servlet.config.annotation.EnableWebMvc;
import
org.springframework.web.servlet.config.annotation.WebMvcConfigurerAdapter;

@Configuration
@EnableWebMvc
@ComponentScan(basePackages = { "devfun.bookstore.rest.controller" },
useDefaultFilters = false, includeFilters = { @Filter(Controller.class) })
public class RestAppConfig extends WebMvcConfigurerAdapter {

  @Override
  public void configureMessageConverters(
        List<HttpMessageConverter<?>> converters) {
    converters.add(marshallingHttpMessageConverter());
  }

  @Bean
  public MappingJackson2HttpMessageConverter mappingJacksonHttpMessageConvert
```

```
er() {
        MappingJackson2HttpMessageConverter converter = new MappingJackson2HttpM
essageConverter();
        return converter;
    }

    @Bean
    public MarshallingHttpMessageConverter marshallingHttpMessageConverter() {
        MarshallingHttpMessageConverter converter = new MarshallingHttpMessageCo
nverter();
        converter.setMarshaller(jaxb2Marshaller());
        converter.setUnmarshaller(jaxb2Marshaller());
        return converter;
    }

    @Bean
    public Jaxb2Marshaller jaxb2Marshaller()  {
        Jaxb2Marshaller marshaller = new Jaxb2Marshaller();
        marshaller.setPackagesToScan(new String[] {
                "devfun.bookstore.common.domain",
                "devfun.bookstore.rest.domain" });

        return marshaller;
    }
}
```

5.6.5 테스트

■ 테스트 케이스

XML 형식으로 결과값을 반환하는 도서 정보 목록 조회 서비스를 테스트해보자. XML은 xpath[03]를 이용하면 결과값을 더 쉽게 테스트할 수 있다. XML을 직접 파싱

03 http://www.w3schools.com/xpath/

할 필요없이, xpath 형식으로 필요한 Node 값을 간단하게 비교할 수 있다.

```
@Test
public void testGetBooks() throws Exception {
  MockHttpServletRequestBuilder requestBuilder
     = MockMvcRequestBuilders
        .get("/books")
        .accept(MediaType.APPLICATION_XML);

  this.mockMvc.perform(requestBuilder).andDo(print())
     .andExpect(status().isOk())
     .andExpect(content().contentType(MediaType.APPLICATION_XML))
     .andExpect(xpath("/books/book").nodeCount(3))
     .andExpect(xpath("/books/book[1]/id").string("1"))
     .andExpect(xpath("/books/book[1]/title").string("명예의 조각들"))
     .andExpect(xpath("/books/book[1]/creator").string("로이스 맥마스터
부졸드"))
     .andExpect(xpath("/books/book[2]/id").string("2"))
     .andExpect(xpath("/books/book[2]/title").string("바라야 내전"))
     .andExpect(xpath("/books/book[2]/creator").string("로이스 맥마스터
부졸드"));
}
```

전체 코드는 다음과 같다.

[src/test/java/devfun/bookstore/rest/controller/BookControllerAsXmlTest.java]

```
package devfun.bookstore.rest.controller;

import static
org.springframework.test.web.servlet.result.MockMvcResultHandlers.print;
import static
org.springframework.test.web.servlet.result.MockMvcResultMatchers.content;
```

```java
import static
org.springframework.test.web.servlet.result.MockMvcResultMatchers.status;
import static
org.springframework.test.web.servlet.result.MockMvcResultMatchers.xpath;

import java.io.StringWriter;
import java.util.Date;

import javax.xml.transform.stream.StreamResult;

import org.junit.Before;
import org.junit.Test;
import org.junit.runner.RunWith;
import org.slf4j.Logger;
import org.slf4j.LoggerFactory;
import org.springframework.beans.factory.annotation.Autowired;
import org.springframework.http.MediaType;
import org.springframework.oxm.jaxb.Jaxb2Marshaller;
import org.springframework.test.context.ContextConfiguration;
import org.springframework.test.context.junit4.SpringJUnit4ClassRunner;
import org.springframework.test.context.web.WebAppConfiguration;
import org.springframework.test.web.servlet.MockMvc;
import
org.springframework.test.web.servlet.request.MockHttpServletRequestBuilder;
import org.springframework.test.web.servlet.request.MockMvcRequestBuilders;
import org.springframework.test.web.servlet.setup.MockMvcBuilders;
import org.springframework.web.filter.CharacterEncodingFilter;

import devfun.bookstore.common.config.AppConfig;
import devfun.bookstore.common.domain.Book;
import devfun.bookstore.rest.config.RestAppConfig;
@RunWith(SpringJUnit4ClassRunner.class)
@WebAppConfiguration
@ContextConfiguration(classes = { AppConfig.class, RestAppConfig.class })
```

```
public class BookControllerAsXmlTest {

   Logger logger = LoggerFactory.getLogger(BookControllerAsXmlTest.class);
   private MockMvc mockMvc;

   @Autowired
   BookController bookController;

   @Autowired
   Jaxb2Marshaller jaxb2Marshaller;

   @Before
   public void initMockMvc() {
      CharacterEncodingFilter filter = new CharacterEncodingFilter();
      filter.setEncoding("UTF-8");
      filter.setForceEncoding(true);
      mockMvc = MockMvcBuilders.standaloneSetup(bookController)
            .addFilter(filter).build();
   }

   @Test
   public void testGetBooks() throws Exception {
      MockHttpServletRequestBuilder requestBuilder
         = MockMvcRequestBuilders
            .get("/books")
            .accept(MediaType.APPLICATION_XML);

      this.mockMvc.perform(requestBuilder).andDo(print())
         .andExpect(status().isOk())
         .andExpect(content().contentType(MediaType.APPLICATION_XML))
         .andExpect(xpath("/books/book").nodeCount(3))
         .andExpect(xpath("/books/book[1]/id").string("1"))
         .andExpect(xpath("/books/book[1]/title").string("명예의 조각들"))
         .andExpect(xpath("/books/book[1]/creator").string("로이스 맥마스터
부졸드"))
```

```
        .andExpect(xpath("/books/book[2]/id").string("2"))
        .andExpect(xpath("/books/book[2]/title").string("바라야 내전"))
        .andExpect(xpath("/books/book[2]/creator").string("로이스 맥마스터
부졸드"));
  }

  @Test
  public void testGetBook() throws Exception {
    MockHttpServletRequestBuilder requestBuilder
        = MockMvcRequestBuilders
          .get("/books/2")
          .accept(MediaType.APPLICATION_XML);

    this.mockMvc.perform(requestBuilder).andDo(print())
          .andExpect(status().isOk())
          .andExpect(content().contentType(MediaType.APPLICATION_XML))
          .andExpect(xpath("/book/id").string("2"))
          .andExpect(xpath("/book/title").string("바라야 내전"))
          .andExpect(xpath("/book/creator").string("로이스 맥마스터
부졸드"));
  }

  @Test
  public void testCreateBook() throws Exception {
    String content = "<?xml version=\"1.0\" encoding=\"UTF-8\" standalone=\"y
es\"?><book><id>100</id><title>바라야 내전</title><creator>로이스 맥마스터
부졸드</creator><type>외국판타지소설</type><date>2011-08-15T12:21:00+09:00</
date></book>";

    MockHttpServletRequestBuilder requestBuilder
        = MockMvcRequestBuilders
          .post("/books").contentType(MediaType.APPLICATION_XML).content(con
tent)
          .accept(MediaType.APPLICATION_XML);
```

```
        this.mockMvc.perform(requestBuilder).andDo(print())
                .andExpect(status().isCreated())
                .andExpect(content().contentType(MediaType.APPLICATION_XML));
    }

    @Test
    public void testUpdateBook() throws Exception {

        Book updateBook = new Book(3L, "어스시의 마법사", "어슐러 K. 르귄",
"판타지소설", new Date());

        // Java 2 Xml
        StringWriter writer = new StringWriter();
        jaxb2Marshaller.marshal(updateBook, new StreamResult(writer));
        String content = writer.toString();
        logger.debug("content = {}", content);

        MockHttpServletRequestBuilder requestBuilder
            = MockMvcRequestBuilders
                .put("/books/3").contentType(MediaType.APPLICATION_XML).content(co
ntent)
                .accept(MediaType.APPLICATION_XML);

        this.mockMvc.perform(requestBuilder).andDo(print())
                .andExpect(status().isOk())
                .andExpect(content().contentTypeCompatibleWith(MediaType.APPLICATI
ON_XML))
                .andExpect(xpath("/book/id").string("3"))
                .andExpect(xpath("/book/title").string("어스시의 마법사"))
                .andExpect(xpath("/book/creator").string("어슐러 K. 르귄"));
    }

    @Test
    public void testDeleteBook() throws Exception {
        MockHttpServletRequestBuilder requestBuilder
```

```
        = MockMvcRequestBuilders
           .delete("/books/3")
           .accept(MediaType.APPLICATION_XML);

        this.mockMvc.perform(requestBuilder).andDo(print())
              .andExpect(status().isOk())
              .andExpect(content().contentTypeCompatibleWith(MediaType.APPLICATI
ON_XML))
              .andExpect(xpath("/book/id").string("3"));
    }
}
```

■ 테스트 결과

```
...
MockHttpServletRequest:
         HTTP Method = POST
         Request URI = /books
          Parameters = {}
             Headers = {Content-Type=[application/xml;charset=UTF-8],
Accept=[application/xml]}

             Handler:
                Type = devfun.bookstore.rest.controller.BookController
              Method = public devfun.bookstore.common.domain.Book
devfun.bookstore.rest.controller.BookController.createBook(devfun.bookstore.c
ommon.domain.Book)

  Resolved Exception:
                Type = null

        ModelAndView:
           View name = null
                View = null
               Model = null
```

```
            FlashMap:

MockHttpServletResponse:
              Status = 201
       Error message = null
             Headers = {Content-Type=[application/xml;charset=UTF-8]}
        Content type = application/xml
                Body = <?xml version="1.0" encoding="UTF-8" standalone="yes"?><b
ook><creator>로이스 맥마스터
부졸드</creator><date>2011-08-15T12:21:00+09:00</date><id>100</
id><title>바라야 내전</title><type>외국판타지소설</type></book>
       Forwarded URL = null
      Redirected URL = null
             Cookies = []
...
```

5.7 Content Negotiation

REST에서는 하나의 리소스에 대해서 여러 형태의 Representation을 가질 수 있다. 어떤 요청을 처리할 때 응답을 application/json 형태로 할 수도 있고, application/xml 형태로 할 수도 있다. 클라이언트가 요청을 전달할 때 HTTP Header 중에서 Accept라는 이름을 이용해서 원하는 응답 형태를 명시하면, 서버에서는 클라이언트가 원하는 형태로 결과를 전달한다. 이러한 처리 과정을 Content Negotiation이라고 한다.

5.7.1 ContentNegotiationConfigurer

다음과 같이 WebMvcConfigurerAdapter의 ContentNegotiationConfigurer를 이용해서 미디어 타입을 설정할 수 있다.

```
@Override
public void configureContentNegotiation(
      ContentNegotiationConfigurer configurer) {
```

```
    configurer.defaultContentType(MediaType.APPLICATION_JSON);
}
```

웹 브라우저 같은 특정 클라이언트는 HTTP Header의 Accept 값이 고정되어 있어서 Accept 값을 기반으로 Content Negotiation을 할 수가 없다. 그래서 다른 방법으로 URL 경로에 확장자(http://localhost:8080/restapp/books.xml)를 붙이거나, 요청 파라미터에 형태를 명시(http://localhost:8080/restapp/books?format=xml)함으로써 클라이언트가 원하는 형태로 응답값을 처리한다. ContentNegotiationConfigurer를 이용해서 이러한 부분을 설정할 수 있다.

```
@Override
public void configureContentNegotiation(
        ContentNegotiationConfigurer configurer) {
    configurer
        .useJaf(true)
        .favorPathExtension(true)
        .favorParameter(false)
        .ignoreAcceptHeader(false)
        .defaultContentType(MediaType.APPLICATION_JSON)
        .mediaType("json", MediaType.APPLICATION_JSON)
        .mediaType("xml", MediaType.APPLICATION_XML);
}
```

요청을 처리한 후 적절한 응답 형태를 선택하기 위해서 클라이언트로부터 수신된 요청의 미디어 타입을 가지고 결정하는데, 그 과정은 다음과 같다.

첫째, favorPathExtenstion 속성값이 true(기본값 true)이고, 요청 경로에 파일 확장자가 포함되어 있다면 ContentNegotiationConfigurer에 정의한 mediaTypes 정보를 사용한다. 적절한 미디어 타입을 찾지 못했을 때 useJaf 속성값이 true(기본값

true)이면 Java Activation Framework의 FileTypeMap.getContentType(String filename) 메소드의 반환 값을 미디어 타입으로 사용한다.

둘째, favorParameter 속성값이 true(기본값 false)이고, 요청 파라미터에 미디어 타입을 정의하는 값이 포함되어 있다면 ContentNegotiationConfigurer에 정의한 mediaTypes 정보를 사용한다. 파라미터의 기본 이름은 'format'이고, parameterName이라는 속성으로 변경할 수 있다.

셋째, 이전 과정에서 미디어 타입을 찾지 못했을 때 ignoreAcceptHeader의 속성값이 false(기본값 false)이면 HTTP Header 값의 Accept를 사용한다.

넷째, 이전 과정을 거치고도 미디어 타입을 찾지 못했을 때 ContentNegotiation Configurer에 defaultContentType 속성값이 정의되어 있다면 그 값을 미디어 타입으로 사용한다.

클라이언트가 요청한 미디어 타입을 찾아내면, 가장 적절한 HttpMessage Converter를 이용하여 클라이언트에게 응답한다.

5.8 HTTP Method Conversion

REST에서 해당 자원에 대한 행위, 즉 CRUD 기능을 수행할 때는 HTTP Request Method를 사용한다. 즉 GET, POST, PUT, DELETE 메소드를 이용하여 처리한다. 그런데 불행히도 GET, POST만 지원하는 클라이언트가 있다면, PUT과 DELETE 메소드는 사용하지 못한다.[04]

이런 경우를 대비하여 스프링에서는 HiddenHttpMethodFilter 클래스를 제공한다. HiddenHttpMethodFilter 클래스는 일반적인 ServletFilter 클래스로, POST 메소드의 파라미터로 넘어온 _method 값을 HTTP Method로 변환해주는

04 HTTP에는 4개의 메소드가 모두 선언되어 있지만, HTML은 GET과 POST만 지원한다.

기능을 한다. HTML form 태그 안에 _method라는 파라미터로 delete 값을 설정하고 POST 메소드로 호출하면, 요청받은 HiddenHttpMethodFilter 클래스에 의해 DELETE 메소드로 변환되어 요청을 처리하게 된다.

HiddenHttpMethodFilter를 사용하려면 다음과 같이 web.xml에 필터를 등록한다.

```
<filter>
  <filter-name>httpMethodFilter</filter-name>
  <filter-class>org.springframework.web.filter.HiddenHttpMethodFilter</
filter-class>
</filter>

<filter-mapping>
  <filter-name>httpMethodFilter</filter-name>
  <url-pattern>/*</url-pattern>
</filter-mapping>
```

그리고 HTML에서 다음과 같이 호출하면 DELETE 메소드로 작동하게 된다.

```
<form method="post">
  <input type="hidden" name = "_method" value="delete">
  <input type="submit" value="Delete Book"/>
</form>
```

만약 Spring MVC Form 태그를 사용한다면 다음과 같이 간단히 사용할 수도 있다.

```
<form:form method="delete">
  <input type="submit" value="Delete Book"/>
</form:form>
```

5.9 ETag support

ETag는 HTTP 1.1 규약에 추가된 응답 Header로, 웹 서버의 자원이 변경됐는지 확인하는 데 필요한 정보다. 캐싱 기능이 있는 애플리케이션(예: 브라우저)은 이전에 받았던 ETag 값과 비교하여 같은 값(리소스가 변경되지 않았음)이라면 불필요하게 리소스를 다시 내려받을 필요가 없다.

5.9.1 응답 헤더의 예

캐싱 기능이 있는 애플리케이션은 같은 자원을 다시 요청할 때, 요청 Header의 If-None-Match라는 헤더 값에 앞서 서버에서 받았던 ETag 값을 설정해서 요청을 보내게 된다. 이때 해당 자원이 변경되지 않았다면 304(Not Modified)라는 HTTP 상태 값을 받게 된다.

```
ETag: "f88dd058fe004909615a64f01be66a7"
```

5.9.2 요청 헤더의 예

스프링은 ETag를 지원하기 위해서 ShallowEtagHeaderFilter 클래스를 제공한다. ShallowEtagHeaderFilter 클래스는 일반적인 ServletFilter 클래스로, 응답 결과를 가지고 해시값을 생성해서 ETag 값으로 반환해주는 기능을 한다.

```
If-None-Match: "f88dd058fe004909615a64f01be66a7"
```

ShallowEtagHeaderFilter를 사용하려면 다음과 같이 web.xml에 필터를 등록한다.

```
<filter>
  <filter-name>etagFilter</filter-name>
  <filter-class>org.springframework.web.filter.ShallowEtagHeaderFilter
```

```
    </filter-class>
  </filter>
  <filter-mapping>
    <filter-name>etagFilter</filter-name>
    <url-pattern>/*</url-pattern>
  </filter-mapping>
```

5.10 기타

5.10.1 Jackson과 어노테이션

앞서 JAXB를 이용한 XML 형식의 REST 서비스를 만들 때 XML 관련 어노테이션을 선언하여 변환 작업에 사용하였다. Jackson 라이브러리도 JSON 관련 어노테이션 지원하므로 참고해서 사용한다.

만약 REST 서비스를 만들 때 XML과 JSON 두 방식을 모두 사용하면 데이터 형식에 따른 약간의 불일치를 경험하게 될 것이다. 그중에서도 가장 큰 차이는 바로 Root Element다. XML은 Root Element가 꼭 필요하지만, JSON은 보통 Root Element를 사용하지 않는다. 그래서 JSON에서 Root Element를 사용하려면 다음과 같이 MappingJackson2HttpMessageConverter를 생성할 때 Jackson의 설정값을 변경해야 한다.

```
@Bean
public MappingJackson2HttpMessageConverter mappingJacksonHttpMessageConvert
er() {
  MappingJackson2HttpMessageConverter converter = new MappingJackson2HttpMess
ageConverter();

  ObjectMapper objectMapper = converter.getObjectMapper();
  objectMapper.configure(DeserializationFeature.UNWRAP_ROOT_VALUE, true);
  objectMapper.configure(SerializationFeature.WRAP_ROOT_VALUE, true);
```

```
    return converter;
  }
```

해당 클래스에 @JsonRootName 어노테이션을 이용하여 이름을 변경할 수 있다.

다음은 JAXB의 XML 어노테이션과 Jackson의 JSON 어노테이션을 모두 선언한 예다.

```
@XmlRootElement(name = "book")
@JsonRootName("book")
public class Book {
...
}
```

그런데 게으른 개발자 입장에서는 둘 다 선언하기가 귀찮을 수 있다. 다행히도 친절한 Jackson이 JAXB의 XML 어노테이션을 JSON에서도 쓸 수 있게 하는 jackson-module-jaxb-annotations 라이브러리를 제공한다. 이 라이브러리를 사용하면 별도의 JSON 어노테이션을 선언해 줄 필요 없이 이미 선언한 JAXB 어노테이션의 값을 사용하여 JSON 변환에 이용하게 된다.

jackson-module-jaxb-annotations을 사용하려면 다음과 같이 pom.xml에 의존성을 추가해야 한다.

```
<dependency>
  <groupId>com.fasterxml.jackson.module</groupId>
  <artifactId>jackson-module-jaxb-annotations</artifactId>
  <version>${version.jackson}</version>
</dependency>
```

그리고 Jackson의 설정부분에 JaxbAnnotationModule을 등록하면 된다.

```
@Bean
public MappingJackson2HttpMessageConverter mappingJacksonHttpMessageConvert
er() {
  MappingJackson2HttpMessageConverter converter = new MappingJackson2HttpMess
ageConverter();

  ObjectMapper objectMapper = converter.getObjectMapper();
  objectMapper.configure(DeserializationFeature.UNWRAP_ROOT_VALUE, true);
  objectMapper.configure(SerializationFeature.WRAP_ROOT_VALUE, true);

  JaxbAnnotationModule module = new JaxbAnnotationModule();
  objectMapper.registerModule(module);

  return converter;
}
```

5.10.2 다른 유용한 어노테이션

- @RequestParam: URL 매개변수를 사용할 수 있게 해준다.
- @RequestHeader: HTTP 요청 헤더를 사용할 수 있게 해준다.

5.10.3 JSON과 XML 예쁘게 출력하기

기본적으로 JSON과 XML은 기계에 최적화(?)되어 출력된다. 즉, 태그 구별 없이 모두 붙어서 출력된다. 만약 보기 편하게 정리된 형태로 출력을 원한다면 다음과 같이 한다.

■ JSON 예쁘게 출력하기

MappingJackson2HttpMessageConverter 클래스의 setPrettyPrint() 메소드를 이용한다.

```
@Bean
public MappingJackson2HttpMessageConverter mappingJacksonHttpMessageConvert
er() {
    MappingJackson2HttpMessageConverter converter = new MappingJackson2HttpMess
ageConverter();
    converter.setPrettyPrint(true);
    return converter;
}
```

■ XML 예쁘게 출력하기

Jaxb2Marshaller 클래스의 marshallerProperties에 JAXB_FORMATTED_OUTPUT 속성값을 지정해 준다.

```
@Bean
public Jaxb2Marshaller jaxb2Marshaller() {
    Jaxb2Marshaller marshaller = new Jaxb2Marshaller();
    marshaller.setPackagesToScan(new String[] {
            "devfun.bookstore.common.domain",
            "devfun.bookstore.rest.domain",
            "org.springframework.hateoas"});

    Map<String, Object> marshallerProperties = new HashMap<String, Object>();
    marshallerProperties.put(Marshaller.JAXB_FORMATTED_OUTPUT, Boolean.TRUE);
    marshaller.setMarshallerProperties(marshallerProperties);

    return marshaller;
}
```

5.11 요약

사용자의 요청에 대한 결과를 보여주는 부분인 표현 계층에 대해서 살펴보았다. 보통 REST 서비스는 사용자 요청에 대한 결과를 보여줄 때 JSON이나 XML 형태를 많이 사용한다.

스프링에서는 HTTPMessageConverter라는 클래스를 제공하는데 이 클래스 사하면 REST 서비스에서 많이 사용되는 JSON이나 XML 형태로 쉽게 결과를 생성할 수 있다. 그뿐만 아니라 Content Negotiation을 지원하기 때문에 클라이언트의 요청에 따라 원하는 형태로 결과를 전달해 줄 수 있다.

6 | 예외 처리

스프링으로 REST 서비스를 할 때 발생하는 예외를 처리하는 방법에 대해서 알아보자. 스프링 MVC에서는 애플리케이션에서 발생하는 예외를 처리할 때는 @ExceptionHandler 어노테이션과 @ControllerAdvice 어노테이션을 사용한다.

6.1 Controller의 예외 처리

6.1.1 @ExceptionHandler

Controller 수준에서 예외 처리하는 것은 간단하다. Controller 내에서 @Exception Handler 어노테이션을 추가한 메소드를 정의하면 된다.

```
@Controller
@RequestMapping(value = "/books")
public class BookController {

   @ExceptionHandler({ResourceNotFoundException.class})
   public void handleException() {
   }
}
```

이 방법도 좋기는 하지만 하나의 단점을 가지고 있다. 예외 처리가 특정 Controller에서만 활성화되어 전체 애플리케이션의 예외 처리를 못 한다는 것이다. 물론 이것이 어떠한 경우에는 장점으로 작용하기도 한다.

Spring 3.2 이전에는 이런 점을 해결하기 위해서 기본 Controller 클래스를 만든 다음 예외 처리를 정의하고, 그 클래스를 확장하는 방법을 사용하기도 했다.[01]

01 물론 ExceptionHandlerExceptionResolover를 이용한 더 깔끔한 방법이 있다.

6.1.2 @ControllerAdvice

Spring 3.2 부터는 @ContollerAdivce 어노테이션을 이용해서 전체 애플리케이션의 예외를 처리할 수 있는 기능을 제공한다. 또한 ResponseEntity 형식을 사용할 수 있는 유연성까지 제공하기 때문에 REST 예외 처리를 더 쉽게 할 수 있다.

다음은 @ControllerAdvice를 이용하여 예외 처리한 예다.

```
@ControllerAdvice
public class RestResponseEntityExceptionHandler extends
      ResponseEntityExceptionHandler {

   @ExceptionHandler(value = {ResourceNotFoundException.class})
   protected ResponseEntity<Object> handleResourceNotFound(ResourceNotFoundExc
eption ex, WebRequest request) {
      String bodyOfResponse = "해당 자원을 찾을 수 없습니다.";
      return handleExceptionInternal(ex, bodyOfResponse, new HttpHeaders(),
null, request);

   }
```

6.2 예외 구현하기

6.2.1 ResourceNotFoundException 클래스 생성하기

자원을 찾을 수 없다는 예외를 나타내기 위한 ResourceNotFoundException을 생성한다.

다음과 같이 RuntimeException을 상속받고 응답 상태값을 NOT_FOUND로 설정하기 위해 @ResponseStatus 어노테이션을 추가한다.

[src/main/java/devfun/bookstore/rest/exception/ResourceNotFoundException.java]

```
package devfun.bookstore.rest.exception;

public class ResourceNotFoundException extends RuntimeException {

}
```

6.2.2 BookController 수정하기

BookController의 도서 상세 정보 메소드를 수정해 보자. 도서 아이디에 해당하는 도서 상세 정보를 찾을 수 없을 때 ResourceNotFoundException을 발생시키도록 변경한다.

```
@RequestMapping(value = "/{id}", method = RequestMethod.GET)
@ResponseBody
public Book getBook(@PathVariable("id") Long id) {
   Book book = bookService.getBook(id);
   if (book == null) {
      throw new ResourceNotFoundException();
   }
   return book;
}
```

6.2.3 RestError 클래스 생성하기

REST 서비스에서는 HTTP 상태 코드를 가지고 결과값을 판단하므로 앞에서 구현한 것처럼 간단하게 에러 결과를 처리할 수 있다. 하지만 요청이 JSON 형식이면 에러 결과도 JSON 형식으로 보여주는 게 좋아 보일 수 있다. 그래서 에러 결과를 담을 RestError 클래스를 생성한다.

RestError 클래스는 결과 코드와 메시지 필드를 가지고 있다. XML 형식으로도 사용하기 위해 @XmlRootElement 어노테이션도 클래스에 추가한다.

[src/main/java/devfun/bookstore/rest/domain/RestError.java]

```
package devfun.bookstore.rest.domain;

import javax.xml.bind.annotation.XmlRootElement;

@XmlRootElement(name = "error")
public class RestError {

  private int code;
  private String message;

  public RestError() {
  }

  public RestError(int code, String message) {
    this.code = code;
    this.message = message;
  }

  public int getCode() {
    return code;
  }

  public void setCode(int code) {
    this.code = code;
  }

  public String getMessage() {
    return message;
  }

  public void setMessage(String message) {
    this.message = message;
  }
}
```

6.2.4 RestResponseEntityExceptionHandler

RestResponseEntityExceptionHandler 클래스를 다음과 같이 생성한다. @ControllerAdvice 어노테이션을 클래스에 선언하고, @ExceptionHandler 어노테이션을 사용해서 처리할 예외를 정의한 다음에 @ResponseBody 어노테이션을 이용해서 응답 결과를 반환하게 한다.

[src/main/java/devfun/bookstore/rest/controller/RestResponseEntityExceptionHandler.java]

```
package devfun.bookstore.rest.controller;

import org.springframework.http.HttpStatus;
import org.springframework.web.bind.annotation.ControllerAdvice;
import org.springframework.web.bind.annotation.ExceptionHandler;
import org.springframework.web.bind.annotation.ResponseBody;
import org.springframework.web.bind.annotation.ResponseStatus;

import devfun.bookstore.rest.domain.RestError;
import devfun.bookstore.rest.exception.ResourceNotFoundException;

@ControllerAdvice
public class RestResponseEntityExceptionHandler {

   @ExceptionHandler(value = {ResourceNotFoundException.class})
   @ResponseStatus(value = HttpStatus.NOT_FOUND)
   @ResponseBody
   public RestError handleResourceNotFound(ResourceNotFoundException ex) {
      RestError error = new RestError(404, "해당 자원을 찾을 수 없습니다.");
      return error;
   }

}
```

다음과 같이 ResponseEntity 클래스를 이용해서 구현할 수 도 있다.

```
@ExceptionHandler(value = { ResourceNotFoundException.class })
protected ResponseEntity<RestError> handleResourceNotFound(
ResourceNotFoundException ex, WebRequest request) {
  RestError error = new RestError(404, "해당 자원을 찾을 수 없습니다.");
  return new ResponseEntity<RestError>(error, new HttpHeaders(),
  HttpStatus.NOT_FOUND);
}
```

6.2.5 RestAppConfig 설정 파일에 ControllerAdvice 추가하기

예외를 처리하는 RestResponseEntityExceptionHandler 클래스는 @ControllerAdvice 어노테이션을 사용한다. RestAppConfig 설정에서 RestResponseEntityExceptionHandler 클래스를 자동으로 스캔하도록 @ComponentScan의 includeFilters 부분에 ControllerAdvice를 추가하자.

```
@ComponentScan(basePackages = { "devfun.bookstore.rest.controller" },
useDefaultFilters = false, includeFilters = { @Filter(Controller.class),
@Filter(ControllerAdvice.class) })
public class RestAppConfig extends WebMvcConfigurerAdapter {
...
}
```

만약 ExceptionHandlerExceptionResolver를 직접 정의해서 사용하고 싶다면 다음과 같이 구현할 수 있다.

```
@Override
public void configureHandlerExceptionResolvers(
      List<HandlerExceptionResolver> exceptionResolvers) {
```

```
    exceptionResolvers.add(exceptionHandlerExceptionResolver());
}

@Bean
public ExceptionHandlerExceptionResolver exceptionHandlerExceptionResolver()
{
    ExceptionHandlerExceptionResolver resolver = new ExceptionHandlerExceptionR
esolver();
    List<HttpMessageConverter<?>> converters = resolver.getMessageConverters();
    converters.add(mappingJacksonHttpMessageConverter());
    converters.add(marshallingHttpMessageConverter());
    resolver.setMessageConverters(converters);

    ContentNegotiationManagerFactoryBean contentNegotiationManager = new Conten
tNegotiationManagerFactoryBean();
    contentNegotiationManager.addMediaType("json", MediaType.APPLICATION_JSON);
    contentNegotiationManager.addMediaType("xml", MediaType.APPLICATION_XML);
    contentNegotiationManager.afterPropertiesSet();
    resolver.setContentNegotiationManager(contentNegotiationManager.getObje
ct());

    return resolver;
}
```

6.2.6 테스트

■ 테스트 케이스

RestResponseEntityExceptionHandler가 정상 작동하는지 테스트해 보자.

존재하지 않는 도서 정보 아이디로 도서 상세 정보 API를 호출할 것이다. 그러면 ResourceNotFoundException이 발생할 것이고, RestResponseEntityException Handler 클래스의 handleResourceNotFound() 메소드에 의해 처리될 것이다.

그리고 요청 형태에 따라 JSON 또는 XML로 에러 결과를 출력하게 된다.

전체 코드는 다음과 같다.

[src/test/java/devfun/bookstore/rest/controller/RestResponseEntityExceptionHandlerTest.java]

```
package devfun.bookstore.rest.controller;

import static org.hamcrest.Matchers.is;
import static
org.springframework.test.web.servlet.result.MockMvcResultHandlers.print;
import static
org.springframework.test.web.servlet.result.MockMvcResultMatchers.content;
import static
org.springframework.test.web.servlet.result.MockMvcResultMatchers.jsonPath;
import static
org.springframework.test.web.servlet.result.MockMvcResultMatchers.status;
import static
org.springframework.test.web.servlet.result.MockMvcResultMatchers.xpath;

import org.junit.Before;
import org.junit.Test;
import org.junit.runner.RunWith;
import org.slf4j.Logger;
import org.slf4j.LoggerFactory;
import org.springframework.beans.factory.annotation.Autowired;
import org.springframework.http.MediaType;
import org.springframework.test.context.ContextConfiguration;
import org.springframework.test.context.junit4.SpringJUnit4ClassRunner;
import org.springframework.test.context.web.WebAppConfiguration;
import org.springframework.test.web.servlet.MockMvc;
import
org.springframework.test.web.servlet.request.MockHttpServletRequestBuilder;
```

```java
import org.springframework.test.web.servlet.request.MockMvcRequestBuilders;
import org.springframework.test.web.servlet.setup.MockMvcBuilders;
import org.springframework.web.context.WebApplicationContext;
import org.springframework.web.filter.CharacterEncodingFilter;

import devfun.bookstore.common.config.AppConfig;
import devfun.bookstore.rest.config.RestAppConfig;


@RunWith(SpringJUnit4ClassRunner.class)
@WebAppConfiguration
@ContextConfiguration(classes = { AppConfig.class, RestAppConfig.class })
public class RestResponseEntityExceptionHandlerTest {

   Logger logger = LoggerFactory.getLogger(RestResponseEntityExceptionHandlerT
est.class);

   private MockMvc mockMvc;

   @Autowired WebApplicationContext webAppContext;
   @Autowired BookController bookController;

   @Before
   public void initMockMvc() {
      CharacterEncodingFilter filter = new CharacterEncodingFilter();
      filter.setEncoding("UTF-8");
      filter.setForceEncoding(true);
      mockMvc = MockMvcBuilders.webAppContextSetup(webAppContext)
            .addFilter(filter).build();
   }

   @Test
   public void testResourceNotFoundExceptionAsJson() throws Exception {
      MockHttpServletRequestBuilder requestBuilder
         = MockMvcRequestBuilders
            .get("/books/99")
```

```
            .accept(MediaType.APPLICATION_JSON);

      this.mockMvc.perform(requestBuilder).andDo(print())
            .andExpect(status().isNotFound())
            .andExpect(content().contentTypeCompatibleWith(MediaType.APPLICATI
ON_JSON))
            .andExpect(jsonPath("$.code", is(404)))
            .andExpect(jsonPath("$.message", is("해당 자원을 찾을 수
없습니다.")));
   }

   @Test
   public void testResourceNotFoundExceptionAsXml() throws Exception {
      MockHttpServletRequestBuilder requestBuilder
         = MockMvcRequestBuilders
            .get("/books/99")
            .accept(MediaType.APPLICATION_XML);

      this.mockMvc.perform(requestBuilder).andDo(print())
            .andExpect(status().isNotFound())
            .andExpect(content().contentType(MediaType.APPLICATION_XML))
            .andExpect(xpath("/error/code").string("404"))
            .andExpect(xpath("/error/message").string("해당 자원을 찾을 수
없습니다."));
   }

}
```

■ 테스트 결과

```
...
MockHttpServletRequest:
      HTTP Method = GET
```

```
       Request URI = /books/99
        Parameters = {}
           Headers = {Accept=[application/json]}

                         Handler:
              Type = devfun.bookstore.rest.controller.BookController
            Method = public devfun.bookstore.common.domain.Book devfun.booksto
re.rest.controller.BookController.getBook(java.lang.Long)

Resolved Exception:
              Type = devfun.bookstore.rest.exception.ResourceNotFoundException

     ModelAndView:
         View name = null
              View = null
             Model = null

         FlashMap:

MockHttpServletResponse:
            Status = 404
     Error message = null
           Headers = {Content-Type=[application/json;charset=UTF-8]}
      Content type = application/json;charset=UTF-8
              Body = {"code":404,"message":"해당 자원을 찾을 수 없습니다."}
     Forwarded URL = null
    Redirected URL = null
           Cookies = []

...

MockHttpServletRequest:
       HTTP Method = GET
       Request URI = /books/99
        Parameters = {}
           Headers = {Accept=[application/xml]}
```

```
        Handler:
             Type = devfun.bookstore.rest.controller.BookController
           Method = public devfun.bookstore.common.domain.Book devfun.booksto
re.rest.controller.BookController.getBook(java.lang.Long)

  Resolved Exception:
             Type = devfun.bookstore.rest.exception.ResourceNotFoundException

  ModelAndView:
        View name = null
             View = null
            Model = null

  FlashMap:

MockHttpServletResponse:
           Status = 404
    Error message = null
          Headers = {Content-Type=[application/xml;charset=UTF-8]}
     Content type = application/xml
             Body = <?xml version="1.0" encoding="UTF-8" standalone="yes"?><e
rror><code>404</code><message>해당 자원을 찾을 수 없습니다.</message></error>
    Forwarded URL = null
   Redirected URL = null
          Cookies = []
...
```

6.3 요약

이 장에서는 스프링 기반의 REST 서비스를 할 때 발생하는 예외를 처리하는 방법에 대해서 알아보았다. 방법으로는 @ExceptionHandler 어노테이션을 이용한 Controller 수준에서의 예외 처리와 Spring 3.2부터 지원하는 @ControllerAdvice 어노테이션을 이용한 예외 처리가 있다.

7 | HATEOAS

REST 조건 중에 “HATEOAS 같은 인터페이스 제약에 따라 서로 일관성 있게 상호 운영되어야 한다”라는 것이 있다.

HATEOAS란 Hypermedia as the Engine of Application State의 약자로, 클라이언트 요청에 대해 링크 정보를 포함하는 표현으로 응답해야 하는 것을 말한다.

예를 들면 사용자가 웹 브라우저를 통해서 HTML 페이지를 볼 때 다른 곳으로 이동하는 링크가 있다. 게시판 목록 페이지의 글 제목에 상세 페이지로 이동하는 링크가 포함된 것이다.

이처럼 REST도 자원을 표현할 때 관계되는 링크 정보를 함께 포함하자는 것이다.

다음은 도서 정보 목록 조회의 결과 데이터인데, links라는 이름으로 도서 정보의 상세 조회 주소가 포함된 것을 볼 수 있다.

```
{
        "links" : [ {
          "rel" : "self",
         "href" : "http://localhost:8080/restapp/books"
   } ],
      "content" : [ {
        "links" : [ {
          "rel" : "self",
         "href" : "http://localhost:8080/restapp/books/1"
   } ],
        "title" : "명예의 조각들",
      "creator" : "로이스 맥마스터 부졸드",
```

```
        "type" : "외국판타지소설",
        "date" : 1313378460000,
      "bookId" : 1
  }, {
       "links" : [ {
         "rel" : "self",
        "href" : "http://localhost:8080/restapp/books/2"
  } ],
       "title" : "바라야 내전",
     "creator" : "로이스 맥마스터 부졸드",
        "type" : "외국판타지소설",
        "date" : 1313378460000,
      "bookId" : 2
  }, {
       "links" : [ {
         "rel" : "self",
        "href" : "http://localhost:8080/restapp/books/3"
  } ],
       "title" : "피렌체의 여마법사",
     "creator" : "살만 루슈디",
        "type" : "영국문학",
        "date" : 1313378460000,
      "bookId" : 3
  } ]
}
```

이러한 링크 정보를 직접 구현해 줄 수도 있지만, 스프링에서는 spring-hateoas 라는 라이브러리를 별도로 제공하고 있다.

7.1 Spring HATEOAS

Spring HATEOAS의 모든 것을 살펴볼 수는 없으므로 간단하게 조회하는 부분만 적용해 보겠다.

ResourceSupport 클래스를 상속받는 BookResource를 생성한 다음, Book 클래스의 정보를 BookResource 클래스로 복사하는 BookResourceAssember를 생성한다. 그리고 생성한 클래스들을 가지고 컨트롤러 클래스 용도에 맞게 사용하면 된다.

7.1.1 POM 파일 의존성 추가하기

Spring HATEOAS를 사용하기 위해 다음과 같이 pom.xml 파일에 spring-hateoas 의존성을 추가한다.

[pom.xml]

```
<dependency>
    <groupId>org.springframework.hateoas</groupId>
    <artifactId>spring-hateoas</artifactId>
    <version>0.8.0.RELEASE</version>
</dependency>
```

7.1.2 BookResource 클래스 생성하기

BookResource 클래스는 글자 그대로 도서 자원이라고 볼 수 있다. ResourceSupport 클래스를 상속받아 구현해야 하는데, Book 클래스와 거의 흡사하다. 다만 getId()라는 메소드가 ResourceSupport 클래스에 이미 구현되어 있기 때문에 사용할 수 없다. 그래서 여기서는 도서 아이디를 bookId라는 이름으로 변경해서 사용한다.

[src/main/java/devfun/bookstore/rest/domain/BookResource.java]

```
package devfun.bookstore.rest.domain;

import java.util.Date;

import javax.xml.bind.annotation.XmlRootElement;

import org.springframework.hateoas.ResourceSupport;

@XmlRootElement(name = "book")
public class BookResource extends ResourceSupport {

  private Long bookId;
  private String title;
  private String creator;
  private String type;
  private Date date;

  public Long getBookId() {
    return bookId;
  }

  public void setBookId(Long bookId) {
    this.bookId = bookId;
  }

  public String getTitle() {
    return title;
  }

  public void setTitle(String title) {
    this.title = title;
  }

  public String getCreator() {
```

```
        return creator;
    }

    public void setCreator(String creator) {
        this.creator = creator;
    }

    public String getType() {
        return type;
    }

    public void setType(String type) {
        this.type = type;
    }

    public Date getDate() {
        return date;
    }

    public void setDate(Date date) {
        this.date = date;
    }
}
```

어찌 보면 비슷한 클래스를 두 개나 만드는 게 불편해 보이지만, 실제 서비스를 구현할 때는 두 개로 나눠서 개발하는 것을 권장한다. 데이터값들을 복사해야 하는 번거로움이 있지만 차후 확장성을 위해서는 그 불편함을 감수할 수 있다.

일반적으로 엔티티 클래스는 데이터베이스 테이블의 모든 칼럼들을 조회해 온다. 하지만 클라이언트에게 보여줄 필드들은 전체가 아닐 수도 있다. 즉, 숨겨야 하는 필드가 존재할 수 도 있다. 그리고 데이터베이스의 테이블 구조가 변할 수도 있으며, API의 버전업이 발생할 때 좀 더 능동적으로 대처할 수 있다는 장점이 있다.

7.1.3 BookResourceAssembler 클래스 생성하기

BookResouceAssember 클래스는 Book 클래스를 BookResource 클래스로 변환해주는 기능을 한다. ResourceAssemblerSupport<T, D extends ResourceSupport>클래스를 상속받아서 toResource( ) 메소드를 구현해주면 된다.

다음과 같이 가장 원시적인 방법으로 값들을 옮겨주게 구현해도 되지만, 스프링의 BeanUtils 클래스 같은 것을 이용하면 훨씬 우아하게 값들을 복사할 수 있다.

[src/main/java/devfun/bookstore/rest/BookResourceAssembler.java]

```
package devfun.bookstore.rest;

import org.springframework.beans.BeanUtils;
import org.springframework.hateoas.mvc.ResourceAssemblerSupport;

import devfun.bookstore.common.domain.Book;
import devfun.bookstore.rest.controller.BookController;
import devfun.bookstore.rest.domain.BookResource;

public class BookResourceAssembler extends ResourceAssemblerSupport<Book,
BookResource> {

   public BookResourceAssembler() {
      super(BookController.class, BookResource.class);
   }

   @Override
   public BookResource toResource(Book book) {
      BookResource resource = createResourceWithId(book.getId(), book);
      resource.setBookId(book.getId());
      resource.setTitle(book.getTitle());
      resource.setCreator(book.getCreator());
      resource.setDate(book.getDate());
```

```
        resource.setType(book.getType());

        return resource;
    }
}
```

7.1.4 BookController 수정하기

BookResource를 이용하여 도서 정보를 조회할 수 있도록 수정해 보자.

다음은 도서 정보 목록을 조회하는 부분이다. 도서 정보 목록을 BookService에서 가져온 다음, BookResourceAssember의 toResources() 메소드를 이용해서 자원 형식으로 변환한다. 그리고 Resources 클래스를 이용하여 자원을 담고, 아이디 링크 정보를 추가하기 위해 linkTo() 메소드를 사용한다. linkTo() 메소드는 주소를 직접 명시하지 않고, 컨트롤러 클래스를 지정해줌으로써 자동으로 주소를 생성해 준다.

```
@RequestMapping(method = RequestMethod.GET)
@ResponseBody
public Resources<BookResource> getBooks(Model model) {
    List<Book> books = bookService.getBooks();

    BookResourceAssembler assembler = new BookResourceAssembler();
    List<BookResource> resources = assembler.toResources(books);

    Resources<BookResource> wrapped = new Resources<BookResource>(resources,
            linkTo(BookController.class).withSelfRel());
    return wrapped;
}
```

다음은 도서 상세 정보를 조회하는 부분이다. 여기서는 Link 클래스를 이용해서 직접 링크 정보를 생성한 후 추가한다.

```
@RequestMapping(value = "/{id}", method = RequestMethod.GET)
@ResponseBody
public BookResource getBook(@PathVariable("id") Long id) {
   Book book = bookService.getBook(id);
   if (book == null) {
      throw new ResourceNotFoundException();
   }
   BookResourceAssembler assembler = new BookResourceAssembler();
   BookResource resource = assembler.toResource(book);
   Link link = new Link("http://localhost:8080/restapp/books/1/reviews",
"reviews");
   resource.add(link);
   return resource;
}
```

7.1.5 RestAppConfig 설정 파일 수정하기

만약 JSON 형식만 사용할 때는 설정 파일을 수정할 필요가 없다. 하지만 JAXB를 이용한 XML 형식을 사용하려면 도서 정보 목록 조회에 사용한 Resources 클래스를 JAXB에게 알려줘야 한다.

다음과 같이 Resources 클래스가 속한 org.springframework.hasteoas를 Jaxb2Marshaller의 스캔 대상에 추가해 준다.

```
@Bean
public Jaxb2Marshaller jaxb2Marshaller()  {
   Jaxb2Marshaller marshaller = new Jaxb2Marshaller();
   marshaller.setPackagesToScan(new String[] {
```

```
        "devfun.bookstore.common.domain",
        "devfun.bookstore.rest.domain",
        "org.springframework.hateoas"});

    return marshaller;
  }
```

7.1.6 테스트 결과

별도의 테스트 케이스는 만들지 않는다. 무사히 작업을 마쳤으면 다음과 같은 결과를 볼 수 있다.

■ XML


```
<?xml version="1.0" encoding="UTF-8" standalone="yes"?>
<entities xmlns:ns2="http://www.w3.org/2005/Atom">
  <ns2:link href="http://localhost:8080/restapp/books" rel="self"/>
  <content>
    <book>
      <ns2:link href="http://localhost:8080/restapp/books/1" rel="self"/>
      <bookId>1</bookId>
      <creator>로이스 맥마스터 부졸드</creator>
      <date>2011-08-15T12:21:00+09:00</date>
      <title>명예의 조각들</title>
      <type>외국판타지소설</type>
    </book>
    <book>
      <ns2:link href="http://localhost:8080/restapp/books/2" rel="self"/>
      <bookId>2</bookId>
      <creator>로이스 맥마스터 부졸드</creator>
      <date>2011-08-15T12:21:00+09:00</date>
      <title>바라야 내전</title>
```

```
      <type>외국판타지소설</type>
    </book>
    <book>
      <ns2:link href="http://localhost:8080/restapp/books/3" rel="self"/>
      <bookId>3</bookId>
      <creator>살만 루슈디</creator>
      <date>2011-08-15T12:21:00+09:00</date>
      <title>피렌체의 여마법사</title>
      <type>영국문학</type>
    </book>
  </content>
</entities>
```

■ JSON

```
{
      "links" : [ {
        "rel" : "self",
       "href" : "http://localhost:8080/restapp/books"
  } ],
    "content" : [ {
      "links" : [ {
        "rel" : "self",
       "href" : "http://localhost:8080/restapp/books/1"
  } ],
     "bookId" : 1,
      "title" : "명예의 조각들",
    "creator" : "로이스 맥마스터 부졸드",
       "type" : "외국판타지소설",
       "date" : 1313378460000
  }, {
      "links" : [ {
```

```
        "rel" : "self",
        "href" : "http://localhost:8080/restapp/books/2"
    } ],
      "bookId" : 2,
      "title" : "바라야 내전",
      "creator" : "로이스 맥마스터 부졸드",
      "type" : "외국판타지소설",
      "date" : 1313378460000
  }, {
      "links" : [ {
        "rel" : "self",
        "href" : "http://localhost:8080/restapp/books/3"
    } ],
      "bookId" : 3,
      "title" : "피렌체의 여마법사",
      "creator" : "살만 루슈디",
      "type" : "영국문학",
      "date" : 1313378460000
  } ]
}
```

7.2 요약

이 장에서는 "HATEOAS 같은 인터페이스 제약에 따라 서로 일관성 있게 상호 운영되어야 한다"라는 REST 조건에 따라 스프링에서 별도로 지원하고 있는 spring-hateoas 라이브러리를 이용해서 링크 정보가 포함된 REST 서비스를 만들어 보았다.

8 | REST Client

지금까지 REST 서비스를 구현하기 위해 서버 부분에 대해서 알아보았다. 이번에는 사용자의 입장, 즉 클라이언트 측면에서 한번 살펴보기로 하자. 스프링에서는 RestTemplate 클래스라는 것을 제공하는데, 이 클래스를 사용하면 REST 서비스를 쉽게 사용할 수 있다.[01]

8.1 RestTemplate

RestTemplate은 RESTful 서비스 호출과 관련된 메소드를 제공하여 REST 클라이언트를 쉽게 개발하도록 도와준다. RestTemplate에서 자바 객체를 HTTP Request로 변환하거나, 서버로부터 받은 HTTP Response를 다시 자바 객체로 변환할 때는 HttpMessageConverter를 사용한다. 스프링에서 제공하는 주요 형태에 대한 HttpMessageConverter들은 RestTemplate에 기본적으로 등록된다. 그 외 RestTemplate을 정의할 때는 messageConverters라는 속성을 이용한다.

8.1.1 RestTemplate Methods

RestTemplate 클래스는 6개의 HTTP method에 대응하는 메소드들을 지원하고, 자유롭게 사용할 수 있는 exchange() 메소드와 execute() 메소드도 지원한다.

01 안드로이드 환경을 지원하는 Spring Android에도 RestTemplate이 있다.

[표 8-1] RestTemplate Methods

HTTP Method	RestTemplate Methods
DELETE	delete(java.lang.String, java.lang.Object...)
GET	getForObject(java.lang.String, java.lang.Class, java.lang.Object...)
	getForEntity(java.lang.String, java.lang.Class, java.lang.Object...)
HEAD	headForHeaders(java.lang.String, java.lang.Object...)
OPTIONS	optionsForAllow(java.lang.String, java.lang.Object...)
POST	postForLocation(java.lang.String, java.lang.Object, java.lang.Object...)
	postForObject(java.lang.String, java.lang.Object, java.lang.Class, java.lang.Object...)
PUT	put(java.lang.String, java.lang.Object, java.lang.Object...)
any	exchange(java.lang.String, org.springframework.http.HttpMethod, org.springframework.http.HttpEntity, java.lang.Class, java.lang.Object...)
	execute(java.lang.String, org.springframework.http.HttpMethod, org.springframework.web.client.RequestCallback, org.springframework.web.client.ResponseExtractor, java.lang.Object...)

8.2 URI Template

RestTemplate을 사용할 때 URI Template도 사용할 수 있다. 즉, 호출하는 URI에 변수를 사용할 수 있다. 변수값은 두 가지 형식으로 넘겨 줄 수 있는데 문자열 배열을 사용거나 Map을 사용한다.

문자열 배열을 사용하는 방법은 다음과 같다.

```
String result = restTemplate.getForObject(
  "http://localhost:8080/restapp/books/{bookId}/authors/{authorId}",
  String.class, "1", "2");
```

이 코드가 실행되면 GET 방식으로 http://localhost:8080/restapp/books/1/authors/2 주소가 호출된다.

Map을 사용하는 방법은 다음과 같다.

```
Map<String, String> vars = new HashMap<String, String>();
vars.put("bookId", "1");
vars.put("authorId", "2");

String result = restTemplate.getForObject(
  "http://localhost:8080/restapp/books/{bookId}/authors/{authorId}",
  String.class, vars);
```

8.3 ClientHttpRequestFactory

ClientHttpRequestFactory 인터페이스는 RestTemplate 클래스가 HTTP 요청을 생성할 때 어떤 요청 클래스를 사용할지 정의하기 위해 사용된다. 기본적으로 SimpleClientHttpRequestFactory 클래스와 HttpComponentsClientHttpRequestFactory 클래스를 제공한다. SimpleClientHttpRequestFactory 클래스는 J2SE가 포함하고 있는 java.net.HttpURLConnection 클래스를 사용하고, HttpComponentsClientHttpRequestFactory 클래스는 Apache HttpComponents HttpClient 클래스를 사용한다.

8.4 RestTemplate 예제

RestTemplate을 사용하는 가장 간단한 방법은 다음과 같다.

```
RestTemplate restTemplate = new RestTemplate();
```

물론 Spring Bean으로 선언해서 사용해도 상관없다.

```
@Bean
public RestTemplate restTemplate() {
```

```
    RestTemplate restTemplate= new RestTemplate();
    return restTemplate;
}
```

그리고 필요에 따라 setMessageConverters() 메소드를 이용하여 HttpMessageConverter들을 설정해주면 된다. 기본적인 HttpMessageConverter들은 RestTemplate 인스턴스가 생성될 때 관련 클래스들을 검사해서 자동으로 적재하게 된다. RestTemplate 클래스의 기본 생성자를 보면 좀 더 쉽게 이해가 될 것이다.

다음은 RestTemplate 클래스의 기본 생성자다.

```
public RestTemplate() {
    this.messageConverters.add(new ByteArrayHttpMessageConverter());
    this.messageConverters.add(new StringHttpMessageConverter());
    this.messageConverters.add(new ResourceHttpMessageConverter());
    this.messageConverters.add(new SourceHttpMessageConverter());
    this.messageConverters.add(new AllEncompassingFormHttpMessageConverter());
    if (romePresent) {
        this.messageConverters.add(new AtomFeedHttpMessageConverter());
        this.messageConverters.add(new RssChannelHttpMessageConverter());
    }
    if (jaxb2Present) {
        this.messageConverters.add(new Jaxb2RootElementHttpMessageConverter());
    }
    if (jackson2Present) {
        this.messageConverters.add(new MappingJackson2HttpMessageConverter());
    }
    else if (jacksonPresent) {
        this.messageConverters.add(new MappingJacksonHttpMessageConverter());
    }
}
```

생성한 RestTemplate 인스턴스를 가지고 용도에 맞는 메소드를 호출하면 된다. 기본적으로 문자열이나 바이트 배열ByteArray 또는 소스Source 타입을 사용하지만, 관련 엔티티 클래스가 있으면 바로 변환이 가능하다. 따라서 Book 클래스와 같은 형태로 바로 결과값을 받을 수 있다.

8.4.1 엔티티 형태의 데이터 조회하기

도서 정보 상세 조회를 구현할 때 다음과 같이 결과값으로 Book을 사용한다.

```
@RequestMapping(value = "/{id}", method = RequestMethod.GET)
@ResponseBody
public Book getBook(@PathVariable("id") Long id) {
    Book book = bookService.getBook(id);
    if (book == null) {
        throw new ResourceNotFoundException();
    }
    return book;
}
```

이러면 Book 클래스형으로 결과값을 바로 받을 수 있다.

다음은 Book 클래스 형식을 이용한 예다.

```
Book book =
restTemplate.getForObject("http://localhost:8080/restapp/books/{bookId}",
Book.class, "1");
```

8.4.2 목록 형태의 데이터 조회하기

도서 정보 목록 조회를 구현할 때 다음과 같이 결과값으로 List〈Book〉을 사용한다.

```
@RequestMapping(method = RequestMethod.GET)
@ResponseBody
public List<Book> getBooks() {
  List<Book> books = bookService.getBooks();
  return books;
}
```

List와 같이 목록 형식일 때는 배열 타입으로 데이터를 받아올 수 있다.

다음은 배열 형식을 이용한 예다.

```
Book[] books =
restTemplate.getForObject("http://localhost:8080/restapp/books",
Book[].class);
```

8.4.3 어노테이션이 들어간 형태의 데이터 조회하기

Spring Hateoas를 이용해서 도서 정보 목록 조회를 구현할 때는 다음과 같이 결과값으로 Resources<BookResource>를 사용한다.

```
@RequestMapping(method = RequestMethod.GET)
@ResponseBody
public Resources<BookResource> getBooks(Model model) {
  List<Book> books = bookService.getBooks();
  BookResourceAssembler assembler = new BookResourceAssembler();
  List<BookResource> resources = assembler.toResources(books);
  Resources<BookResource> wrapped = new Resources<BookResource>(resources,
    linkTo(BookController.class).withSelfRel());
  return wrapped;
}
```

이러면 ParameterizedTypeReference 클래스를 사용해서 조회 결과를 받을 수 있다.

다음은 ParameterizedTypeReference 클래스를 이용한 예다.

```
ParameterizedTypeReference<Resources<BookResource>> typeRef =
      new ParameterizedTypeReference<Resources<BookResource>>() {};

   ResponseEntity<Resources<BookResource>> response = restTemplate
      .exchange("http://localhost:8080/restapp/books", HttpMethod.GET, null,
typeRef);

   for (BookResource b : response.getBody().getContent()) {
      // do something…
   }
```

8.5 요약

이 장에서는 스프링에서 제공하는 RestTemplate 클래스에 대해 알아보았다. RestTemplate은 Rest 서비스 호출과 관련된 메소드를 제공하여 Rest 클라이언트를 쉽게 개발할 수 있도록 도와준다.